廣欽老和尚

高僧傳

傳燈臺灣

編撰——陳秀慧

【編撰者簡介】

陳秀慧

華梵大學東方人文思想研究所退休副教授，臺大中文系畢業，美國堪薩斯大學（Univ. of Kansas）教育碩士。大三時，加入晨曦佛學社，參加懺雲法師主辦的「大專學生齋戒學會」；以此殊勝法緣，後續得以親近並請法於廣欽老和尚！亦因齋戒學會之助緣，有幸仰止曉雲法師（華梵大學創辦人），並追隨其學佛、辦學，前後長達二十四年，深受其教育思想與風範之影響。民國七十九年起，任教華梵大學逾三十年，學術專長領域為儒佛文教思想與高僧傳記，著有《曉雲法師教育情懷與志業》、《高僧行誼》等專書。

【「高僧傳」系列編輯序】

令眾生生歡喜者，則令一切如來歡喜

「為佛教，為眾生」六個字，乃是印順法師於臺北市龍江街慧日講堂（後因大門遷移，地址遷至朱崙街）為證嚴法師授予三皈依、並賜法名時的殷殷叮囑：「既然出家了，你要時時刻刻為佛教、為眾生。」

依證嚴法師解釋：「為佛教」是內修清淨行，「為眾生」則要挑起如來家業，走入人群救度眾生。因此法師稟承師訓，一心一志「為佛教還原教義，為眾生點亮心燈」，而開展慈濟眾生的志業。

歷代高僧之「為佛教、為眾生」

證嚴法師開創「靜思法脈，慈濟宗門」，並將其與「為佛教，為眾生」合釋：「靜思法脈」乃「為佛教」，是智慧；「慈濟宗門」即「為眾生」，是大愛。

進而言之，「靜思法脈，慈濟宗門」即菩薩道所強調的「悲智雙運」：「靜思法脈」是「智」，「慈濟宗門」是「悲」；傳承法脈、弘揚宗門就要「悲智雙運」，積極在人間發揮慈、悲、喜、捨四無量心。此亦即慈濟人開展四大志業、八大法印時的根本心要。

由其強調「悲智雙運」可知，「靜思法脈，慈濟宗門」並非標新立異，而是傳承佛陀教法以及漢傳佛教歷代高僧的教誨——包括身教與言教，並要求身心皆徹底踐履。為了讓世人明瞭慈濟宗門之初心與悲願，也讓這些歷代高僧的事蹟與精神更廣為人知，大愛電視臺秉持證嚴法師的信念，於二〇〇三年起陸續製作《鑑真大和尚》與《印順導師傳》動畫電影，將佛教史上高僧大德的動人故事，經由動畫電影的形式，傳遞到全世界。

因為電影的成功，大愛電視臺進一步籌畫更詳盡的電視版〈高僧傳〉——採取臺灣民眾雅俗共賞的歌仔戲形式。〈高僧傳〉的每一部劇本都是經過數個月的資料研讀與整理，縝密思考後才下筆，句句考證、字字斟酌。製作團隊感受到每一位大師皆以身作則、行菩薩道的特質，希望將每位高僧的大願與大行傳遍世界。

然而，不論是動畫或戲劇，恐難完整呈現《高僧傳》中所載之生命歷程，以及諸位高僧與祖師之思想以及對後世之貢獻。因此，慈濟人文志業中心便就〈高僧傳〉歌仔戲所演繹過的高僧，以《高僧傳》及《續高僧傳》之原著為基礎，含括了日、韓等國之佛教史上的知名高僧，編撰「高僧傳」系列叢書。我們不採取坊間已有之小說體形式，而是嚴謹地參照人物評傳的現代寫法，參酌相關之史著及評論，對其事蹟有所探討與省思，並將其社會背景、思想及影響皆納入，雜揉編撰，內容包括高僧的生平、傳承及主要思想或重要經典簡介。從中，我們不僅可以讀到歷代高僧的智慧與悲心，亦可一覽相關的佛教史地、典籍與思想。

在編輯過程中，我們可以看到歷代高僧之「為佛教，為眾生」：鳩摩羅什飽受戰亂、顛沛流離，仍戮力譯經，得令後人傳誦不絕，乃是為利益眾生；玄奘歷萬里之險取得梵本佛經、致力翻譯，其苦心孤詣，是為利益眾生；鑑真六次渡海欲至東瀛傳戒，眼盲亦不悔，是為利益眾生；六祖惠能隱居十五載以避害身之禍，只為弘揚如來心法，並言「佛法在世間，不離世間覺；離世求菩提，猶如覓兔角」，亦是為利益眾生……

這些高僧祖師大可獨善其身、如法修行以得解脫，為何要為法忘身、受諸逆境而不退？究其根本，他們不只是為了參究佛法，而是深知弘揚大乘佛法的目的乃在於大慈大悲地度化眾生、讓眾生能得安樂；若不能讓眾生同霑法益，求法何用？如《大智度論．卷二七》所云：

一切諸佛法中，慈悲為大；若無大慈大悲，便早入涅槃。

由此可知，就大乘精神而言，「為佛教」即應「為眾生」，實為一體之兩面。

「大悲」為「諸佛之祖母」

除了歷代高僧之示現，「為眾生」之菩薩道的實踐，於經教中更是多不勝數、歷歷可證。例如，《無量義經．德行品第一》便說明了菩薩作為眾生之大導師、大船師、大醫王之無量大悲：

無量大悲救苦眾生，是諸眾生真善知識，是諸眾生大良福田，是諸眾生不請之師，是諸眾生安隱樂處、救處、護處、大依止處。處處為眾作大導師，能為生盲而作眼目，聾劓啞者作耳鼻舌；諸根毀缺能令具足，顛狂荒亂作大正念。船師、大船師運載群生渡生死河，置涅槃岸；醫王、大醫王，分別病相曉了藥性，隨病授藥令眾樂服；調御、大調御，無諸放逸行，猶如象馬師，能調無不調；師子勇猛，威伏眾獸，難可沮壞。

如來於《法華經．觀世音菩薩普門品》中宣說，觀世音菩薩更以三十三種應化身度化眾生：

佛告無盡意菩薩：善男子，若有國土眾生，應以佛身得度者，觀世音菩薩即現佛身而為說法；應以辟支佛身得度者，即現辟支佛身而為說法；應以聲聞身得度者，即現聲聞身而為說法；應以梵王身得度者，即現梵王身而為說法；應以帝釋身得度者，即現帝釋身而為說法……應以天龍、夜叉、乾闥婆、阿修羅、迦樓羅、緊那羅、摩侯羅伽、人非人等身得度者，即皆現之而為說法；應以執金剛神得度者，即現執金剛神而為說法。無盡意，是觀世音菩薩成就如是功德，以種種形遊諸國土，度脫眾生，是故汝等應當一心供養觀世音菩薩。是觀世音菩薩摩訶薩，於怖畏急難之中能施無畏，是故此娑婆世界皆號之為施無畏者。

為何觀世音菩薩要聞聲救苦？因為菩薩總是「人傷我痛、人苦我悲」，恆以「利他」為念。如《大丈夫論》所云：

菩薩見他苦時，即是菩薩極苦；見他樂時，即是菩薩大樂。以是故，菩薩恆為利他。

正是因為這般順隨眾生、「以種種形」而令其無畏的無量悲心，讓觀世音菩薩受到漢傳佛教乃至於華人民間信仰的共同崇敬。慈濟人之所以超越貧富、超越國界、超越宗教地去關懷與膚慰需要幫助的生命，便是效法觀世音菩薩無量悲心、無量應化的精神。

在《法華經．普賢菩薩勸發品》中發願、將於佛滅後守護及教導受持《法華經》之眾生的普賢菩薩，於《華嚴經．普賢行願品》中則教導善財童子如何供養諸佛，亦揭示了如來、菩薩、眾生的關係：

於諸病苦，為作良醫；於失道者，示其正路；於闇夜中，為作光明；於貧窮者，令得伏藏。菩薩如是平等饒益一切眾生。何以故？菩薩若能隨順眾生，則為隨順供養諸佛；若於眾生，尊重承事，則為尊重承事如來；若令眾生生歡喜者，則令一切如來歡喜。何以故？諸佛如來，以大悲心而為體故。因於眾生，而起大悲；因於大悲，生菩提心；因菩提心，成等正覺。……若諸菩薩，以大悲水饒益眾生，則能成就阿耨多羅三藐三菩提故。是故菩提，屬於眾生；若無眾生，一切菩薩終不能成無上正覺。善男子，汝於此義，應如是解。以於眾生心平等故，則能成就圓滿大悲；以大悲心隨眾生故，則能成就供養如來。

《大智度論．卷二〇》亦云，佛陀強調，大悲心乃是諸佛菩薩之根本，具大悲心方能得般若智慧，亦方能成佛：

> 大悲，是一切諸佛、菩薩功德之根本，是般若波羅蜜之母，諸佛之祖母。菩薩以大悲心，故得般若波羅蜜；得般若波羅蜜，故得作佛。

> 「菩薩若能隨順眾生，則為隨順供養諸佛；若於眾生，尊重承事，則為尊重承事如來；若令眾生生歡喜者，則令一切如來歡喜。」閱及此段，不禁令人

深深體會證嚴法師之智慧與悲心：慈濟宗門四大、八印之聞聲救苦、無量應化地「為眾生」，也是同時「為佛教」地供養諸佛、令一切如來歡喜啊！

歷代高僧雖未如慈濟宗門般推動慈善、醫療、乃至於環保、國際賑災等志業，乃因其時空因素，欲度化眾生先以弘揚大乘經教與法義為重；現今經教已備，所須的乃是效法菩薩道之力行實踐！慈濟宗門便是上承歷代高僧與經論之教法，推動四大、八印，行菩薩道饒益眾生，以此供養如來。

換言之，歷代高僧之風範、智慧及悲願，為佛教，也為眾生，此即諸佛菩薩之本懷，亦為慈濟宗門之本懷！這便是《高僧傳》系列叢書所欲彰顯者。

遙企歷代高僧儼然身影，我們可以肯定：為眾生，便是為佛教；為佛教，一定要為眾生！

【推薦序】

無來也無去，來去無代誌！

——熊琬（政治大學中文系退休教授、華梵大學兼任教授）

廣欽老和尚，國之重寶，乃可謂「今之六祖惠能」！一字不識，卻能感服博古通今的宿儒；一句阿彌陀佛，萬事皆辦！

作者於首段即點出：「尋常百姓家裡，誕生了一位瘦弱、不起眼的娃兒……竟成為振興臺灣佛教『念佛法門』的一代奇僧廣欽老和尚！」

廣欽老和尚一生，讓我想起兩則「典故」——

一、宋・蘇東坡〈與侄書〉：「凡文字，少小時須令氣象崢嶸，彩色絢爛；

漸老漸熟，乃造平淡。其實不是平淡，絢爛之極也。」廣老之一生，前半生閉關潛修，正如作者所言：「人棄我取，道器是鑄；操作賤役，倍受折磨。自我要求頗高；忍人所不能忍，行人所不能行。」中年而後，一意平淡，正係：「絢爛之極歸於平淡！」而其平淡處，正是其最見高明之處也。

二、宋．王安石〈題張司業詩〉：「看似尋常最奇崛，成如容易卻艱辛。」如今欲了解與讀通廣欽老和尚的一生，當於此句中得之。其尋常處、容易處，正乃其奇崛處與艱辛處也！

其與弘一大師一生——絢爛之極歸平淡，相同而不同：弘一大師是以飽讀詩書之才子，轉而為一代「奇僧」；廣欽老和尚則是以「目不識丁」之一介凡人，竟能成為一代「高僧」，倒是頗類似大唐一代禪門高僧「六祖惠能」。

凡事必有因緣。老和尚家世淵源，可說乃遠自唐代泉州「紫雲衍派」黃守恭——飽讀詩書、博通經史。為人富而好禮、倜儻尚義，平日樂善好施、濟弱扶傾，斯正「積善之家，必有餘慶也」。泉州為閩南文化發祥地，種下廣老渡海普化臺灣之因緣，泉州「開元寺」亦為臺南「開元寺」一名之來由也。再者，試考廣老一生，乃係「禪淨雙修」而得成就這一生的奇崛也！

唐．宗密《禪源諸詮集都序》分禪有五，第五為「頓修頓悟」，此乃屬上上智根性，一聞千悟得大總持。並云：「若因悟而修，即是解悟；若因修而悟，即是證悟。」又云：「然上皆只約今生而論；若遠推宿世，則唯漸無頓。今頓見者，已是多生漸熏而發現也。」今試推勘廣老一生事跡，庶幾所謂「頓修頓悟」，所謂「上上智根性」之流也。正如唐代六祖惠能者也。六祖出身獦獠（蠻夷），幼年喪父，形像醜陋短小，與神秀之儀表堂堂、名聲早揚者不同。但所謂「下下人有上上智，上上人有沒意智（言意識汨沒）。」故曰：「若識自本心，見自本性，即名丈夫、天人師、佛。」「三世諸佛，十二部經，在人性中本自具有。」廣老自謂：「我是修苦行，一字不識。」故知他雖不識字、未廣閱經論，卻能不拘形式、隨機開示，直如六祖惠能般地應機回答複雜的佛教問題，蓋有由也！

最妙者，莫過於博古通今的方東美教授：自謂從儒家陶冶的哲學品格，道家醞釀的道家精神，大乘佛學領略的哲學智慧，西方哲學提煉的哲學方法；日本禪學大師鈴木大拙品評其論文「冠絕一時，允稱獨步。」這位深通儒、道、佛的哲學大師，卻於一九七七年三月廿六日於土城承天禪寺，虔誠皈依此「一字不識」、只知「一句阿彌陀佛，萬事皆辦」的老和尚，並獲賜法號「傳聖」。二人心光交相輝映，為佛門與儒門平添一佳話，此誠漪歟盛哉之文化美事！

此外，如明性法師拜謁之際，老和尚答以：「上智者來參，不以言談。」斯乃所謂「不言之教」也。《老子》有云：「聖人處無為之事，行不言之教。」是以廣老施教，乃暗合老子之教也。《論語．陽貨》：「子曰：『予欲無言。』子貢曰：『子如不言，則小子何述焉？』子曰：『天何言哉？四時行焉，百物生焉，天何言哉？』」（朱子註：「莫非天理流行之實，不待言而可見；聖人一動一靜，莫非妙道精義之發，亦天而已。」）是以廣老之言，亦隱合儒門之教矣。

廣老亦曾開示如永嘉大師〈證道歌〉所云：「行亦禪，坐亦禪，語默動靜體安然。」表明禪固不離於「日用尋常事」也。孔子曰：「唯上智與下愚不移。」故有所謂「大智若愚」一語。廣老雖未日親書冊如學者，其見解卻與儒、道、佛思想不謀而合。一位未讀過書的苦行僧，既不曾開大座宣說經法，亦乏傳世之論著如方東美教授者，竟有如此非凡之見，足證悟道者乃自通於天地宇宙間之真理也。故有言曰：「雖曰未學，吾必謂之學矣。」

總之，廣欽老和尚以一介貧僧，何以感召力能遍及海內外和社會各階層，多達四十萬人？有從社會底層來的販夫走卒、學識淵博的專家學者、高居廟堂之上的達官顯貴，還不乏來自國外的友邦人士；乃至深山潛修，猛虎皈依；猿猴獻果，山薯供僧，人畜同蒙其化澤。廣老親身證驗「情與無情，同圓種智」之教矣！

吾友秀慧老師平素虔敬於佛法與文學之中。今應慈濟之邀，發心為廣欽老和尚作傳；孜孜矻矻，終日埋首書堆，謹慎將事、用力頗勤；何況此書涉及一代高僧之生平，攸關漢傳佛教之盛業，誠值得吾人期待！至若書中，每段都有提契句眼，可謂綱領昭暢，醒豁人之心目。其文筆委婉暢達，時有警句、雋語流現其間；足見其深厚之文學底蘊，不但耐人玩索其辭，更可尋繹其義。今書稿既成，請序於余。因不辭固陋，略綴數語，固不足以仰讚高僧風範之萬一，敬謹略致高山仰止之誠耳！

三寶弟子　慕樵居士　熊琬　謹序

【編撰者序】

一趟充滿法喜的挖寶之旅

自去年（西元二〇二三年）十一月初，有幸接受慈濟人文志業基金會編輯賴志銘博士的邀約，為慈濟高僧傳系列叢書撰寫《廣欽老和尚》一書；直至日前完稿，末學始終抱持著「是一份榮譽，也是一份責任」的護法情懷，欣然以對、敬謹從事！

一般人對老和尚的認識，大抵不出下列幾個意象：水果師、伏虎師，具「特異功能」（禪定功深，能度鬼魂、蟒蛇，有種種神通）等；若有機緣得閱道證法師所撰的〈念南無阿彌陀佛，就是「總誦」〉該文，則可進一步領教老和尚令人拍案叫絕的幽默感，與獨樹一格的教學法（擅長就地取材，以菩薩心腸、霹靂手段應機施教）。

而實際上，自認為只是一個「普通」僧人的老和尚，之所以成為眾所欽仰的一代高僧，倒不全然是出於上述緣由。依末學淺見，主因應是他自示現僧相到圓寂，無一日或忘出家為僧的初衷與使命——效學佛菩薩發菩提心、上求下化，以解脫生死輪迴之苦、廣度有緣眾生為職志！為此，他一如六祖惠能大師，超越現世形貌短小陋劣的拘限、無視旁人不友善的對待，一心精勤於道業的提升：透過苦行、忍辱，破除身見、我執；不為名利所縛，不間斷地累積度生的福德資糧。復以持戒嚴身，以念佛淨心，以禪修明心；以「好人要度，壞人也要度」的廣大慈悲胸懷，踐履其「不為自己求安樂，但願眾生得離苦」的菩薩行，直到生命的最後一刻。

老和尚此生度化了成千上萬的有緣人，皈依者遍及國內外各階層；其弘法度生之志業也因此兼具安邦定國的教化功能，誠當代「國之瑰寶」也！

本書先以十章敘寫老和尚現世的一生：第一章「在家居俗期」、第二章「出家沙彌期」、第三章「僧格奠基期」、第四章「入山潛修期」、第五章「來臺弘化初期」、第六章「承天禪寺弘化初期」、第七章「承天禪寺弘化中期」、第八章「承天禪寺弘化後期」、第九章「妙通寺弘化期」、第十章「化緣已盡，安詳示寂」。繼之，則以「修行法要」與「禪燈續明，道範流芳」兩節，分別概述老和尚的思想、傳承與影響。

末學為文，遵循自訂「言之有據」、「言之有物」與「言之有序」此三規準：選材出自與老和尚直接或間接有關的文獻資料（有所本）；用心「隨文入觀」，期能提出深契老和尚思想精髓的體悟或詮解（有創見）；行文力求暢達雅潔，或依老和尚的生命時間軸敘事，或依前後文的邏輯連貫論述（有條理）。而為文的宗旨，不外希望有緣展閱此書的讀者，樂於與老和尚「連線」、交心，挖掘出自老和尚修行結晶的聖言量法寶；從而在其智慧靈光的引領下，點燃一己的心燈，大步登上航向極樂淨土的彌陀大願船！

回顧過去一年，末學因撰寫此書，喜能再度溫習大學時代即陸續親近之佛門大德法教（先後蒙受老和尚、懺雲老法師、宣化上人、妙蓮法師與曉雲法師等的化澤），並和失聯多年的臺大晨曦佛學社法友（戴慧洋與賴鈺玫賢伉儷、施懿娟等）再度「喜相逢」！感謝這幾位「陳年老友」，熱情協助窮究部分史料的正確說法；並陪同至承天禪寺，面請住持道等法師與當家道明尼師為末學釋疑。諸友善護之情與承天禪寺兩位法師殷勤之接待，末學皆衷心感激！

此外，還要感謝下列護法善友：舍弟俊欽協助，讓末學幸運獲得任職太魯閣國家公園管理處徐怡德小姐佛心提供的天祥天峯塔誌拓本（內提及老和尚於此塔址所在處坐禪用功，中橫天祥段工程乃得以順利進行）等資料。進來堂哥貢獻「新出土」的珍貴史料：民國六十二年，他與友人晨跑至承天禪寺，目睹老和尚身旁有一「頭頂有戒疤」的老虎隨侍左右。《慧炬》鄭皓騰前執行編輯，及時提供該雜誌歷年刊物電子檔之網址，讓末學得以輕省地參閱與方東美教授、楊政河老師有關的文章，豐富本書之內容。學生怡文與美智、外甥紳安，或充當現代書僮，從旁支援資料檢索、影印等事宜；或陪同參謁道場，暖心關懷備至！蓮華學佛園修慈園長、仁謙師與彭仁其居士熱心協尋、查證史料。華梵大學東方人文思想研究所熊琬教授（兼任）撥冗為序，並多次費心惠賜傳文修潤意見，務期文意暢達、文詞典雅。上述貴人不期然地逐一出現，均令末學喜出望外、感動莫名；唯有以「盡心盡力」為文自勉，方能回報其盛情於萬一！

最後，感恩諸佛菩薩一路默默地護佑，感謝成就此書的無量因緣！惟願廣欽老和尚常寂光中慈悲加照，已燃禪燈永續、燈傳無盡，為長夜人天、黮暗宇宙，開啟無限的光明與無窮的希望！

目錄

示現

第一章　在家居俗期

父母留下遺產，我如果也像他們一樣耕田，做到老，最後仍是免不了一死，永遠在生死輪迴中，因此我想求了生脫死。

泉州為閩南文化發祥地。根據《泉州府志．壇廟寺觀》記載，早在西晉武帝太康年間（西元二八〇至二八九年）即有第一所佛寺「九日山延福寺」之肇建，佛教興盛之景況，其來有自；因此，唐朝以來即有「泉南佛國」之譽。

南宋理學家朱熹（南宋高宗建炎四年至寧宗慶元六年，西元一一三〇至一二〇〇年）曾讚美泉州：「此處古稱佛國，滿街都是聖人。」今日，走訪開元寺，仍可望見刻有此對句之楹聯，其字跡出自民初高僧弘一法師（清光緒六年至民國三十一年，西元一八八〇至西元一九四二年）之手。

惠安誕生　晉江成長

清光緒十八年（西元一八九二年）農曆十月二十六日，在今福建省泉州市沿海的縣邑惠安，一戶黃氏尋常百姓家裡，誕生了一位狀似平凡的男嬰——任誰都沒料到，這名瘦弱、不起眼的娃兒，五十六年後，竟成為振興臺灣佛教「念佛法門」的一代奇僧廣欽老和尚！

和尚雖出生尋常百姓家，若跡尋黃家舊宅之門楣匾額「紫雲衍派」之淵源，則有出人意表的發現：黃氏先祖黃守恭（唐貞觀三年至太極元年，西元六二九至七一二年）為一篤信佛教、創建佛寺的大施主！根據《泉州市志》記載，黃守恭為一飽讀詩書、博通經史，望重士林之「郡儒」。最初，他從事經商，後來改務農桑、養蠶紡綢，因其經營有道而富甲一方；惟其為人富而好禮、倜儻尚義，平日樂善好施、濟弱扶傾不落人後，當地人遂以「長者」尊稱之。

唐睿宗垂拱二年（西元六八六年），黃守恭因「桑開蓮花」之瑞兆，而捨宅、獻千畝桑田之地建寺。興建大殿時，更有「紫雲蔽日」之奇景，遂以「紫雲大殿」命名之。該寺竣工後，初名「蓮花道場」，之後歷經多次易名。唐玄宗開元二十六年（西元七三八年）詔告天下「諸州各建一寺，以年號為名」，始改稱「開元寺」，沿用至今。

捨宅建寺後，黃守恭教諭五子：男兒當志在四方，宜各自創業興家。五子乃奉遵父命，分別徙居「五安」：長子黃經居蘆溪（今屬南安縣），次子黃紀居黃田（今屬惠安縣），三子黃綱居葛磐（今屬安溪縣），四子黃綸居坑柄（今屬同安縣），五子黃緯居漳浦南詔（今屬詔安縣），黃守恭也因此被尊為「江夏紫雲黃氏始祖」。

惠安出生的廣欽老和尚，當係黃守恭次子黃紀這一分支的後代。據說，黃紀的子孫繁衍七百餘年後，至明代已形成二十四個支派；現今，其後代開枝散葉、分布在世界各地者逾百萬人。

黃家為這名新生兒取名「文來」。或許是礙於當時黃母生養多子過勞，且家計清貧、食指浩繁；又或許是宿世善緣的牽引，小男孩文來在四歲即被過繼給晉江池店鎮浯潭村李姓夫婦為養子。養父李樹、養母林菜，夫妻年過四十而膝下無子，收養文來正好一圓彼等「渴望後繼有人、延續宗祧香火」的心願，因此將其視如己出、疼愛有加！於是，黃文來改名為「李欽山」；因其身材瘦小，人咸以「猴山」稱呼之。

廣欽老和尚八十三歲時（民國六十三年，西元一九七四年），曾於開示中提及：「我五、六歲時，和母親到寺裡拜佛。有位法師說：『給你種善根。』」可見，由於養母信奉佛教的因緣，童稚時期的欽山即親近佛門！（註一）

觀音契子　隨母茹素

受到養父母疼惜的欽山，想必有一個快樂成長的童年！美中不足的是，他自幼體弱多病。養母為了這個「小獨生子」可以「好育飼」（閩南語）、順利長大，乃依民間習俗，帶著七歲的欽山，到晉江池店鎮新店村的高山亭（後改名慶蓮寺），拜求觀世音菩薩收為契子（義子）。

高山亭主要供奉觀世音菩薩，亭名「高山」，典出《詩經》：「高山仰止，景行行止。」乃是取效法聖賢崇高德行之意。該亭肇建於明成祖永樂二十年（西元一四二二年），為當時監察御史陳應良為紀念故友陳慶蓮居士捨財助學義舉，而發心贊助興建。該亭後來改名「慶蓮寺」，推測應與感念陳慶蓮興學之功有關。

至於將孩子過繼給神明作契子，係根源於民間信仰的習俗，與佛教本身無直接的關聯；佛教只是隨順世俗，以此方便法接引有緣的信眾。

民間過繼的神祇很多元（包括媽祖、濟公、關公、土地公等），不限於觀世音菩薩。佛教徒偏好將兒女過繼給觀世音菩薩作契子，可能與《法華經．普門品》有關，因經文云：「若有女人設欲求男，禮拜供養觀世音菩薩，便生福德智慧之男；設欲求女，便生端正有相之女，宿植德本眾人愛敬。」加上「送子觀音」（俗稱「送子娘娘」）的美好形象已深植人心，故許多父母均樂於讓自己的孩子成為觀世音菩薩的契子。

許多佛教道場迄今仍會於觀世音菩薩「聖誕」（農曆二月十九日）、「出家」（農曆九月十九日）與「成道」（農曆六月十九日）等三個紀念日，舉行莊嚴、溫馨的「觀音菩薩契子典禮」，祈願孩子在菩薩慈悲護佑下平安成長，並學習菩薩的慈悲、智慧，孕育其心田中的菩提種苗。

成為觀世音菩薩的契子後，宿具慧根的欽山，自此隨母奉佛茹素。

幼失怙恃　淡泊世情

可惜，欽山快樂的童年維持不久。先是在他九歲那年（清光緒二十六年，西元一九〇〇年），養父過世；接著十一歲時（清光緒二十八年，西元一九〇二年），養母也相繼撒手人寰！「無父何怙？無母何恃？出則銜恤，入則靡至。」失去父母照料、眷顧的欽山，在短短的兩年內飽嘗喪親之慟；其孤苦無依之境況，誠令人為之一掬同情之淚！

遭逢父母雙亡之驟變，孑然一身的欽山，其內在心靈也隱約感受到世事無常、生命危脆之苦！廣欽老和尚晚年曾憶述其當時的心境：「父母逝世後，我就到南洋去，而我依然吃素。這段日子讓我深深感覺到世間沒有什麼希望，人生也沒有什麼意思！父母留下遺產，我如果也像他們一樣耕田，做到老，最後仍是免不了一死，永遠在生死輪迴中，因此我想求了生脫死。」出世之想，已然萌芽！

南洋幫傭　預感神準

待辦妥養父母喪事後，十一歲的欽山便在僑居南洋的堂伯安排下，被帶往現在的馬來西亞柔佛州麻坡屬峇株巴轄地。

廣欽老和尚家鄉泉州為一歷史文化名城，古代海上絲綢之路的起點；在宋元時期，其海外貿易即十分發達。義大利旅行家馬可波羅（Marco Polo，西元一二五四至一三二四年）稱泉州為「世界上最大的港口之一」、「東方的亞歷山大港」。十七世紀初中葉（明朝後期），泉州因朝廷朝貢政策的改變，對外貿易一蹶不振，當地人乃相繼成批離鄉、僑居海外謀生，是為第一次大規模的國外移民潮。

第二次則是在清朝鴉片戰爭（道光二十至二十二年，西元一八四〇至一八四二年）以後，因外國勢力入侵，泉州海外通商貿易更趨式微，以致當地經濟發展停滯不前；加上清政府的橫徵暴斂，庶民百姓生計困窘、財源匱乏。為了求生存、謀發展，大批泉州居民遂掀起了第二波的海外移民潮。據統計，從道光二十一年（西元一八四一年）至宣統三年（西元一九一一年）的七十年中，泉州人出海僑居謀生者達七十萬八千多人。李欽山的堂伯移民南洋，可能就是這波移民潮中的一員。

李欽山在當地先後從事幫傭、伐木的工作，前後十三年，及至二十四歲（民國四年，西元一九一五年）始束裝返鄉。期間，不改其茹素的習慣。傳聞他曾罹患肺結核，因昏迷誤服消毒水；幸蒙觀世音菩薩現身以甘露水灌其口中，方得清醒痊癒！

最初，欽山係寄養在堂伯家，舉凡看店、打掃、煮飯等雜役工作，悉數由其負責。及年歲稍長，雖然個子仍舊不高，但身體強壯有力；十七歲時，便與在地同鄉結隊上山種膠樹、伐木。

在他十九歲的某一天，原本打算搭乘一輕便推車下山，突然心生不祥之感，於是急呼同僚切莫乘坐該推車；孰料仍有人不以為意，率爾登車。次日，即聽聞該推車於某小港因橋斷翻覆，人車俱沒！

經此事件後，同僚若欲搭推車，均須先過問欽山，確認安全無虞之後，方肯上車。

「既然你料事如神，又如此堅定地吃素，乾脆回泉州老家出家修行去！」同僚無心的戲言，聽在欽山的耳裡卻如暮鼓晨鐘般地警醒他迴心向道。想起養父母正值壯年之際，卻逃不過生死關；果真人命在呼吸間，一息不來、天人永隔！日後，自己遲早也要步上黃泉不歸路，又何必浪擲時光在滾滾紅塵中「繞道而行」呢？是該及時回頭是岸，看破夢幻人生，尋找解脫生死輪迴之苦的法門了！

於是，他決定返鄉，踏上修行之大道。一向對欽山清口茹素稱許有加的堂伯，獲悉他有出塵之志後，亦隨喜護持其善根，成全其修道的心願。

民國四年（西元一九一五年）正月，帶著堂伯的祝福，欽山起程經海路回到泉州，時年二十四歲，距其十一歲離家已倏忽十三年。當年因家庭生變而遠赴異鄉的懵懂小男孩，歷經多年南洋傭工的生活磨練以及對生命的省思，如今返鄉已蛻變為一思慮早熟的「佛心青年」。面對既熟悉又陌生的家鄉，他所思考的不是娶妻生子、繼承田產等世俗「所謂的大事」，而是如何找到「了生脫死」的人生終極歸命處。

【註釋】

註一：底下行文有關老和尚「童年至四十二歲受戒，後續入山潛修入深禪定」期間之重要紀事、年分，主要依據蘇美鶴《廣欽和尚研究》中，引自林覺非居士撰〈恩師上廣下欽老和尚年譜〉之資料（林居士為親炙老和尚四十年的在家弟子）。

第二章　出家沙彌期

坐禪、念佛不立文字，都是不識字者可行之道；尤其念佛法門，行、住、坐、臥，皆可行持，最是方便。

回到泉州老家的李欽山，便積極尋訪可以「託付終身」的佛教道場。泉州著名的千年以上古剎，除前述肇建於唐代的開元寺外，另有興建於南唐的承天寺與創建於北宋的崇福寺，迄今仍是當地著名的三大佛教叢林！

泉州出家　投承天寺

返鄉後的李欽山，常至他小時候即親近的高山亭禮拜觀世音菩薩，並將出家的意願告知該亭主事者賴素姑。賴素姑為承天寺轉塵法師皈依弟子，她曾發願護持高山亭；民國十二年，她發起募資改建高山亭為慶蓮禪寺，並擔任開山住持。

廣欽老和尚晚年自述：「二十五、六歲時，我到承天寺住。」當年李欽山歸投泉州承天寺，可能與賴素姑的引薦有關。根據親炙老和尚四十年的在家弟子林覺非居士所撰〈恩師上廣下欽老和尚年譜〉：民國七年（西元一九一八年），二十七歲的李欽山，透過賴素姑的引進，由承天寺轉塵法師（當時尚未接任住持）收為沙彌（未正式剃度），法名照敬、字號廣欽。

泉州承天寺的過去與現在

泉州承天寺又名「月臺寺」，位於今福建省泉州市鯉城區南俊巷，肇建於十世紀中葉的五代時期，其址原為晉江王、清源軍節度使留從效（西元九〇六至九六二年）的南園。

初名「南禪寺」。北宋景德四年（西元一〇〇七年）敕名「承天寺」，十二世紀中葉（西元一〇五七年）易名為「能仁寺」，十二世紀初（西元一一一七年）復名「承天寺」，遂沿用至今。

根據《泉州府志》，五代南禪寺時期，該寺擁廣袤僧田，僧人高達一千七百多人；該寺在當時之廣闊規模，不難想見！南宋泉州太守王十朋（西元一一一二至一一七一年）曾作〈承天寺十奇詩〉，至今仍為後人所傳誦。其十首七律之詩題，分別為：一、榕徑午陰，二、塔無禽棲，三、偃松清風，四、瑤台明月，五、捲簾朝日，六、推篷夜雨，七、方池梅影，八、嘯菴竹聲，九、鸚山暮雲，十、石如鸚鵡。細細品味其詩作內容，似乎也可感受到，王十朋在承天寺因景悟道、禪心詩意兩相得的妙境！

承天寺歷經宋、元、明、清諸朝，期間雖難逃兵燹災變，但歷代常住僧眾接續修葺拓建，苦行護寺、弘傳經法，發揮繼絕興廢之功！清末民初，為該寺開啟中興氣象者，首推雲果法師；而後續竟其功者，先是會泉法師（推測在民國三年至十三年前後，擔任該寺住持），緊接著是轉塵法師（推測在民國十三年前後，接任該寺住持）。

三位法師分別在不同的面向為當時的承天寺做出了開創性的貢獻，舉要言之有下列諸項：寺院建築與佛菩薩聖像之整修與擴增、寺院禪淨雙修道風之倡導、廣開緇素宣講佛教經義之法筵、僧俗佛學教育之推廣、弘揚戒律之學，以及創辦招收貧苦孩童的義學機構等。

民國二十四年（西元一九三五年）冬，承天寺開傳戒法會，轉塵法師為戒和尚；弘一法師應請，於戒期間宣講「律學要略」。中日戰爭期間（民國二十六至三十四年，西元一九三七至一九四五年），承天寺在轉塵老法師率眾開荒墾植、固守寺產的苦心操持下，得以維持道法與道糧於不輟，並恪守弘法利生之本務：先後禮請弘一法師、性願法師等駐寺講經弘法，另組織佛學研究會、念佛會、流通經書，創辦養正院以培養僧徒。

安然度過中日戰爭浩劫的承天寺，二十一年後，卻遭逢「文化大革命」（西元一九六六至一九七七年）之浩劫，寺內彌勒殿、法堂、鐘鼓樓、廊廡及山亭塔幢雕塑等被毀壞，其他院舍則一度被挪為他用。

所幸，西元一九八三年，旅居新加坡的光明山普覺禪寺住持宏船長老（清光緒三十三年至民國七十九年，西元一九〇七至一九九〇年），應中國佛教協會之邀請，率領弟子赴大陸朝禮普陀、九華、峨嵋與五臺等四大名山，並參訪名剎勝地。法師專程回到家鄉泉州參禮祖庭（法師十五歲時，在承天寺依止會泉法師出家），發願捐款重修承天寺。西元一九八五年（另一說為一九八四年），動土進行第一期重建工程，至一九九〇年十月竣工。承天寺宏闊雄偉之新面貌，於焉呈現在世人眼前！

祖師金碧峰禪師的傳奇

承天寺祖庭，其法脈係傳承自元、明兩代聲震朝野、宏傳臨濟家風的傳奇高僧金碧峰寶金禪師（元武宗至大元年至明洪武壬子五年，西元一三〇八至一三七二年）。

金碧峰禪師俗姓石，名寶金，號璧峰。傳說，金碧峰禪師因多次護國有功，而得到皇帝的賞賜；其中，他最珍愛的是一只紫金缽（另一說為玉缽），卻也因此缽而心生執念！

禪師禪定功深，雖然世緣已盡，卻讓閻王派遣來捉拿他的鬼差找不到「入定中，心無所著」的他。鬼差探知禪師對紫金缽（玉缽）情有獨鍾，便刻意敲打該缽，發出鐺鐺的聲響；禪師聞缽聲，動念出定搶救愛缽，不覺現出原形，鬼差乃得以將他逮個正著！幸虧禪師「道高一尺」，瞬間轉念——覺察自己被「對缽之執愛」所繫縛，當下將缽摔破後，重新入定、進入無住涅槃的境界。鬼差「無相可執」，也只能徒呼奈何了！

也因著這則公案，禪師留下了一首著名的偈語：

若人欲拿金碧峰，除非鐵鍊鎖虛空；

虛空若能鎖得住，再來拿我金碧峰！

中興承天寺的雲果法師

雲果法師（光緒八年至民國三年，西元一八八二至一九一四年），俗姓林，福建惠安獺窟村人。童年出家，遊學參禪、力修苦行，少年即有振興承天寺之大志。

法師精通內外典，且擅長弘宗演教、接引群機。其書法遒勁豪放、氣勢磅礴；承天寺大雄寶殿巨匾「閩南甲剎」四字，即出自其手。

法師先是協助其師蓮鷲法師，整合原分居寺內各院之僧團；從而由蓮鷲法師出面擔任承天寺之住持，啟動修繕坍塌院宇、荒蕪庭園之工程。接著，為籌募工程費用，法師東渡臺灣轉赴南洋，向菲律賓和新加坡僑界信眾化緣；華僑為其精誠護教之心所感，率皆樂於隨喜布施贊助。由於法師此行所化募之鉅額功德款，承天寺乃得以順利完成大雄寶殿、香積廚之修葺工程，並進行金裝佛菩薩聖像、彩塑十八羅漢像等事宜，寺貌也因此煥然一新！

光緒末年，法師應泉州仕紳及緇眾之請，啟建冥陽兩利水陸法會，祈求消弭當地流行之疫癘。民國二年（西元一九一三年），法師為報師恩，舉辦傳授三壇大戒盛事，尊蓮鷲上人為傳戒大和尚。此外，法師還延請佛學家宣講經法，並創辦貧兒院招收家境貧窮兒童入學。

孰料，民國三年（西元一九一四年），在法師孳孳於法務推展之際，突染時疾、齎志而歿，享年三十三歲！遺命推舉會泉法師接任承天寺住持。

弘化遍海外的會泉法師

會泉法師（清同治十三年至民國三十一年，西元一八七四至一九四二年），福建同安縣人。十九歲（光緒十八年，西元一八九二年），於廈門虎溪巖出家；

翌年受具足戒後，即先投入律學之研習。

光緒二十年（西元一八九四年），法師二十一歲，展開前後八年的江南行腳參方之旅。期間曾行腳至寧波天童寺、普陀山法雨寺、鎮江焦山定慧寺、鎮江金山寺等著名佛教道場，或聽經聞法、或打坐參禪，先後受教於諦閑、印光、幻人、智通、月霞等法師。法師掛單金山寺三年之中，還曾是禪宗巨擘虛雲老和尚（清道光二十年？至民國四十八年，西元一八四〇？至一九五九年）在該寺禪堂的同參道友。

法師於光緒二十七年（西元一九〇一年）返回廈門南普陀寺；前一年，特地前往安徽九華山朝禮地藏菩薩真身，興發效學地藏菩薩「地獄不空，誓不成佛；眾生度盡，方證菩提」之宏願，自許以「不畏惡趣之精神」弘法利生。民國三年，法師秉承雲果法師臨終之囑託，接掌承天寺住持；先前（光緒末年），法師即因襄助承天寺水陸法會而與該寺結下法緣。

法師為一「宗教並參，解行互證」之佛門龍象。其在承天寺住持任內，除經常為僧眾信徒宣講經法外，另延請居士佛學家來寺演講，致力於弘揚佛法、培養僧徒之法務。此外，法師復募修禪房僧舍、新造西方三聖佛像，於大殿前增闢放生池。民國六年（西元一九一七年），在寺中創辦「優曇初級學林」，招收僧俗學員四十餘人，施以初級基礎佛學教育。

法師住持承天寺前後將近十年（另一說為七、八年），德望隆盛，弘化對象遍及菲律賓、緬甸仰光、印尼棉蘭、臺灣、新加坡與馬來西亞等處，先後發心皈依弟子數千人、出家女眾一百餘人；其門下「宏」字輩出家男眾，日後率皆能發揮弘化一方之功，前面提及之宏船長老即為箇中翹楚！

苦行自勗　報三寶恩

廣欽師的法名與字號，係根據臨濟宗所傳承的「寶金禪師立派四十八字」所取：

一、法名：（照敬）

智慧清淨、道德圓明、真如性海、寂照普通、心源廣續、本覺昌隆、能仁聖果、常演寬宏、惟傳法印、證悟會融、堅持戒定、永紀祖宗。

二、字號：（廣欽）

雲蒼清修、我若輝慧、如景覺非、悉茂端有、佛喜轉瑞、廣傳道法、普化無為。

廣欽師於未出家前，即自揣福薄德淺、不堪十方供養；若道業未成即平白接受信眾供養，恐於福有損、於道有虧。因此，他出家前三年，即在家學習節衣縮食、打坐減眠，預先為出家苦行作準備。經過三年嚴格的自我淬鍊，已練就日中一食、夜睡不臥（尚非「不倒單」）的功夫。

出家後的廣欽師深切明白：自幼以家庭因素，不曾受過教育，既不會講經說法，又不擅長唱誦梵唄；自知唯有刻苦律己、勤於服勞，才能上報常住三寶之恩。是以，成為沙彌的他，專志苦行、忍勞耐煩：除早晚上殿課誦外，白天隨眾出坡勞動、耕植農田，於寺裡廚房打雜（挑水、劈柴、洗菜、洗碗等），過堂時為大眾盛飯添菜；等大眾用齋畢，才從容撿拾掉落在桌面或地上的飯粒，以此裹腹，並甘之如飴！此舉被僧眾中人發現，彼等不僅輕鄙之，還故意將飯粒掉落於地，冷眼笑看他俯身撿食；廣欽師不以為忤，但一笑置之！若有遠道而來的高僧大德，即殷勤接待，倒水送茶、施巾備鞋，關照備極周到。

出家後，廣欽師雖每因目不識丁、身材矮小，而為人所瞧不起、欺侮；然而，他不僅坦然處之，還認為：「這是最好的境界，這些境界儘量來！」如此灑脫的「逆向思考」心智，正符應《佛遺教經》所云：

能行忍者乃可名為有力大人；若其不能歡喜忍受惡罵之毒如飲甘露者，不名入道智慧人也。

這般忍辱，更為他積累了安忍如山、無我利他的德能，誠為「轉煩惱為菩提」的高手。

此外，古德有言「福大慧大」。出家後，對於常住託付的勞務，始終歡喜承事、勇於承擔的廣欽師，也因其勤於服勞、廣植福田，而奠定日後開大智慧、廣度有緣眾生的深厚福德資糧！

良師提點　禪淨雙修

民國八年（西元一九一九年），二十八歲的廣欽師，在他入寺的第二年，有一專修淨土念佛法門的宏仁法師，見他勤懇敦厚、負責種種雜役工作都不計較，且早晚隨眾念佛、經行，亦絲毫不敢怠慢，便對廣欽師說：「你能勤勞不息，默默工作、不計一切，確實是修行人難得的僧材；如能加修智慧，則成功精進當更快速。」

廣欽師聞言，當下請教宏仁法師：「我不識字、不懂經典，如何修慧？」法師答曰：「坐禪、念佛不立文字，都是不識字者可行之道。尤其念佛法門，行、住、坐、臥，皆可行持，最是方便，可消宿業，能開智慧；如能念到一心不亂，智慧自然開發。」並隨機教導他坐禪、念佛之行法，尤其看重念佛法門。

廣欽師經宏仁法師此番婆心提點後，從此潛心念佛，惟仍維持夜間禪修、打坐的習慣。由於宏仁法師平素喜歡種花，廣欽師乃於完成常住執事之餘暇，陪同宏師一面勞動種花、一面心繫佛號；而宏師也隨機講述佛法，為廣欽師奠定佛法修學基礎。

關於「禪淨雙修」法門

「禪」指禪宗的修行方法，包括參禪、打坐，靠自力於心地上用功，以期明心見性、見性成佛。「淨」指淨土宗（又名念佛宗、蓮宗、淨宗）行法：觀想或持念阿彌陀佛聖號，仰仗佛力護持，信願求生西方極樂世界。「禪行」助明心、「念佛」助淨心，淨心自覺、內明開顯，自他二力互為功、理事無礙證圓通。

「禪淨雙修」（亦稱「禪淨合一」），相傳為五代宋初永明延壽禪師（西元九〇四至九七六年）鑑於當時禪門之人常執理迷事，而教下諸宗又執事迷理之偏執；為導正流弊，遂將淨土經論的觀念融會到禪宗的心法中。他認為「禪淨不二」，皆以「一心」為宗；主張「理事不二」，理論必須落實到具體的行持中，故需禪淨雙修。

其著作《萬善同歸集》闡明見性成佛亦得誦經念佛，廣修萬善行門。晚年，據傳為其所作的《禪淨四料簡》云：

有禪有淨土，猶如戴角虎；現世為人師，來生做佛祖。
無禪有淨土，萬修萬人去；若得見彌陀，何愁不開悟。
有禪無淨土，十人九蹉路；陰境若現前，瞥爾隨他去。
無禪無淨土，鐵床並銅柱；萬劫與千生，沒個人依怙。

宣揚禪淨雙修、禪淨並重的見解，受到後世廣泛的推崇！延壽禪師的主張，消融了中唐以來禪淨互相對立、批評的爭論，並獲得後代禪師的共鳴；歷經宋、元、明等朝之傳承，「禪淨雙修」乃成為漢傳佛教的一大特色。

明朝時，禪宗和淨土宗為漢傳佛教最盛行的兩個宗派；惟禪宗已然受到淨土宗的影響，出現「禪淨合一」的理論，逐漸成為淨土宗的支流。清代之後，更形成淨土宗一枝獨秀的局面，永明延壽禪師也因此被後人尊為淨土宗六祖。

人棄我取　道器是鑄

當年，收李欽山為承天寺沙彌的轉塵老法師，為人厚重、勤儉篤實，嚴持戒律、繼承宗風；他平日對廣欽師並無特別的經教開示，而是在苦行方面給予較多的鞭策與考驗。

最經典的一次，是在廣欽師三十四歲（民國十四年，西元一九二五年）那年。時任住持的轉塵老法師將工寮交由他負責，專司檢查、點收工具；也因此，每次收工，廣欽師總是比大家晚回到寺院。

某日，廣欽師如往常一般隨眾出坡勞動。近午時分，午齋雲板價響，大眾因勞動賣力、飢腸轆轆，遂顧不得將工具收拾好，就紛紛走向齋堂；廣欽師也因體力耗盡，隨眾趕往齋堂。不料，中途意外被轉塵老法師叫住，命其先將所有工具歸位妥當，再行入齋堂用齋。

當時，廣欽師雖已餓得四肢發軟、兩眼無神，但師命不敢違，他只好硬著頭皮、勉為其難地從命，只是仍按捺不住心中的不平之氣：「做這麼多的粗活，吃如此差的飯菜，還要受種種奚落，何苦來哉？算了，不做和尚了，乾脆還俗去！」

就在他負氣邁步向山門前行時，內心突然冒出一個聲音反問自己：「當初，我不是為了解脫生死輪迴之苦，而發心出家修行的嗎？怎麼現在卻為了一點小差事而意氣用事，違背自己的初衷呢？」心念一轉，天地頓然無限開闊，先前的煩悶之氣煙消雲散！於是，他抖擻精神，將工具收拾完好後，至轉塵老法師面前覆命；老法師叮囑他：「多做事，多消業。吃人不吃，做人不做，以後你就知！」（閩南語）聞言，他恭謹受教，並終其一生實踐老法師「吃苦消業」的教誨。

廣欽師在承天寺操持賤役、廣修福田，十多年後，被委派為香燈師（負責大殿的清潔及香、花、燈等供佛事宜），並兼打板醒眾的工作。

有一天，他因睡過了頭，延誤了五分鐘才打醒板。這次的失職，讓他痛自呵責，心想：「寺內有六百人眾共修，依每人錯失五分鐘計算，總共怠慢了三千分鐘。如此嚴重的因果，要如何才能承擔？」於是自請處分，長跪於大殿門口，逐一向大眾懺悔謝罪。

自此後，為免睡魔誤事，妨礙大眾修行，他乾脆不再回寮房安養，改在大殿佛前打坐，絲毫不敢有任何大意！由於責任心重、警戒心強，每每一夜內要警醒好幾回。就是在如此嚴苛的自我要求下，自然而然地成就其「不倒單」的本領。

第三章　僧格奠基期

當時沒有什麼寺廟建築和其他人事物的感覺，只有源源不斷的念佛聲，由下至上地一直繞轉，盡虛空、遍法界盡是彌陀聖號。

廣欽師二十八歲，接受宏仁法師禪淨雙修的提點之後，從此老實念佛、勤修禪定。

經過十多年的踏實努力、積漸為雄，對於念佛法門頗有心得，認為掌握念佛的要領在於：觀照「眼、耳、鼻、舌、身、意」六根，對境不被六塵（色、聲、香、味、觸、法）所牽引而生愛憎、好惡之分別意識，直念到一心不亂、念而無念，便可臻「心佛一如」之境。

鼓山佛七　三昧現前

根據廣欽老和尚晚年（八十七歲，西元一九七八年）在臺灣土城承天寺與一好樂佛法的美籍金博士（Doctor King）的對話，可以推知，中年時期的廣欽師，在四十歲之前（一說為三十九歲）就已經證得「念佛三昧」。僧俗兩人當時的對話內容如下——

金博士問：「聽說師父已證念佛三昧，打坐能入定？」廣欽老和尚答：

你說我，我就有根據；若是別人，我就不知道。不論大眾多少人一起念佛，自己都有個主。念到一心不亂，心定時，頓一下——大眾念佛聲會頓到地下；雖然我們沒有在地下念，但地下仍是一片佛聲。念到聲音都整齊時，再頓一下，則聲音飄盪在半空中，好像大家都在虛空中念佛似的。所謂遍虛空都是念佛的聲音，這就是念佛三昧的情形。

金博士又問：「如此境界能維持多久？一星期？半個月？一個月？還是半

年？」廣欽老和尚答道：

不論什麼時候都保任這個佛號聲，無論鳥聲、車聲、雜聲都是佛號聲；如果你還有分別鳥聲、車聲等，這心就跑出去了。現在有的人念佛，只是嘴巴念，心卻跑出去，這就是雜念佛、散亂念佛。

在這次的訪談中，廣欽老和尚也提及：「五十幾年前，我在福州鼓山時，有一次隨眾在大殿行香念佛，大家隨著木魚聲念『南無阿彌陀佛、南無阿彌陀佛……』，我手結定印，邊走邊念，突然我那麼一頓……」當時，他依稀感覺「南無阿彌陀佛、南無阿彌陀佛……」的佛號，先是在大殿地面盤繞，然後再冉冉地迴旋上升起來！老和尚回憶說：「當時沒有什麼寺廟建築和其他人事物的感覺，只有源源不斷的念佛聲，由下至上一直繞轉，盡虛空、遍法界盡是彌陀聖號。」

最後，維那引磬一敲，大眾功課圓滿，各歸寮房，他則還是逕直持念「南無阿彌陀佛」不絕；二六時中，行住坐臥，上殿過堂，全付身心完全融於「南無阿彌陀佛」佛號聲中，如此整整有三個月之久！

由此可知，廣欽師在中年時期，透過實際的修持已證得念佛三昧。但當時的他，揣度自己在禪定的功夫上，仍未有透徹心源的契悟；加上他因個子矮小、不識之無，經常遭到同儕不友善的「特殊待遇」，皆讓他亟思離寺到深山獨自苦修。然而，根據佛教的風規，須受過具足戒之比丘（註一）方可離寺遊方參學；因此，仍是沙彌身分的廣欽師，需先取得比丘資格，方可如願離寺、入山自修。

中年剃度　依止瑞奉

民國二十一年底（西元一九三二年），廣欽師獲悉，翌年三月，莆田縣囊山慈壽禪寺（註二）將傳授三壇大戒（註三），他衷心渴望前往受戒；但因出家迄今仍未正式剃度，亦無名義上之出家依止師父，不具備報名受戒的資格！

廣欽師在承天寺出家多年，為何乃無法獲得任一資深法師的青睞，收其為門徒呢？可能與廣欽師「自慚形穢」（既無顯赫家世，又不識字，身材短小、不擅言詞），加上個性內斂、不好交際有關。

某日，苦於尋覓「自家師父」的廣欽師，偶然望見寺內一位很少與寺僧交談的瑞奉老法師，獨自安坐在廊道僻靜處。他靈光一閃，思惟：瑞奉老法師與己輩分相符（根據前述字號，「瑞」為「廣」字之上一輩法親），且年老出家、僧臘尚淺，「若我禮他為師，或可不至於被拒絕！」打定主意後，廣欽師即將一己心意稟報轉塵老法師；蒙老法師慈悲，隨即歡喜地將廣欽師轉介給瑞奉老法師。

次日，舉行剃度儀式，廣欽師正式成為瑞奉老法師唯一的門徒，也順利取得報名受戒的資格！

關於瑞奉老法師的身世，有如下一說：他童年被賣給戲班子，隨團浪跡江湖。中年後，他自組戲團，數十年間走遍閩南各地。一日，該團原擬赴廈門演出，卻在搭船經過安海港時，不幸發生意外，船被風浪襲捲，翻覆沉沒，只有他一人獲救，其餘團員、所有家當都沉入大海。遭逢巨變，他驚魂未定，呆坐岸邊默然垂淚。適巧，轉塵方丈行經該處，見狀探詢其故；遂勸其歸心佛門，並表明願收他為門徒。方丈一席暖心懇切的安慰，讓他決定至承天寺出家為僧，法號瑞奉。

莆田受戒　比丘相現

民國二十二年（西元一九三三年）三月，四十二歲的廣欽師，謁見莆田縣囊山慈壽禪寺妙義老法師，求受具足戒。根據現存於臺灣土城承天禪寺廣公紀念堂的「護戒牒」，當年廣欽師是在「民國癸酉年（農曆）四月初四、初六跟初八」（民國二十二年，國曆四月二十八日、三十日跟五月二日），分別圓受「沙彌戒」、「比丘戒」和「菩薩戒」等三壇大戒，成為合格的比丘，具備參方遊學的資格。

此份珍貴的「護戒牒」，有兩處紀錄待釐清。其一是「廣欽師的依止師父」應是「上瑞下奉」法師，惟戒牒誤植為「上瑞下芳」。蓋因廣欽師受戒時，由於他不識字，只能口述師名，而莆田口音與閩南口音有異（方言不同，字音各異）。閩南音之「奉」（hōng）、「芳」（hong）兩字，只是平仄聲調之差；執事但聞字音，未審其調，遂將「瑞奉」書寫為「瑞芳」。待戒期圓滿後，廣欽師返寺，轉塵老法師睹其戒牒，方知有誤；但以當時路途遙遠，廣欽師亦語焉不詳，故未折返莆田更正。是以戒牒所書之「瑞芳法師」，實際應為「瑞奉法師」。

其二是「廣欽師投承天寺出家的歲數」。戒牒上寫有「福建晉江縣人李氏子年卅六歲投本省泉州承天寺出家」，此與廣欽老和尚晚年自述其生平事蹟時，所提及自己在承天寺出家的歲數是一致的。該自述如下：「三十六歲從南洋回來後，就到承天寺正式出家，禮瑞芳（奉）法師為剃度師。當時的人注重耕田，我沒讀書，不認識字，先從菜園、打板、飯頭等最基本的學起，做人不願做的。到四十二歲才去受戒，於期間我亦念佛、打坐。」若然，則迥異於本書第二章「泉州出家　投承天寺」所引林覺非居士之說——謂廣欽師於二十七歲時，於承天寺出家為沙彌。

有趣的是，民國六十七年三月十六日，前述美籍金博士在友人的陪同下，至當年的臺北縣（現今新北市）土城承天禪寺參訪廣欽老和尚時，曾詢問老和尚的生平事蹟，老和尚的回答是：「請問林覺非居士。」可見林氏所撰年譜的說法亦具高度的可信性。但是，為何他有關「廣欽師出家年歲」的說法，與老和尚自述的內容「兜不攏」呢？

目前，學界對於廣欽師「何時至南洋」、「何年於承天寺出家」有不同的說法。由於缺乏相關文獻佐證，目前只能大膽假設：廣欽師自稱「三十六歲到承天寺『正式出家』」，但他也說過「二十五、六歲時，我到承天寺住。」參酌這兩個關鍵歲數的資料，是否意味：三十六歲前，他在承天寺是「非正式出家」（沒有正式的剃度儀式、未受戒）；雖然被以「沙彌」對待，但實際上「近住男」（住在寺院的在家男眾）的稱謂可能更切合他當時的身分。也因此，在三十六歲前，得以在家身分隨順因緣，再度至南洋若干月（註四）；迨返承天寺時，他已三十六歲，並在「心理上」預備正式出家。此假設是否成立，有待進一步「出土」的文獻資料加以驗證！

圓受具足戒後，廣欽師回承天寺住了三年（民國二十二至二十四年，西元一九三三至一九三五年），積極訓練一己身心具備「忍飢耐寒，餐風露宿」的功夫，準備獨自到深山精進禪行。

值得一提的是，民國二十四年（西元一九三五年）承天寺舉辦傳戒法會，弘一法師應請於戒期間講「律學要略」。當時廣欽師亦隨眾聽課，得以親近。弘公駐錫承天寺期間，寺眾莫不爭相表達為其服勞、侍候之意願；惟弘公律己甚嚴，不輕易勞煩他人，一概婉拒，唯獨首肯廣欽師為其浣洗僧衣。其僧衣因經久未洗，似積累一薄層油脂；水一沖下，無法即刻濡溼衣服，反順勢流走！

奇妙的是，弘公的衣服不但沒有臭味，反而有分微香；廣欽師相信，這是弘公持戒嚴謹所成就的「戒香」。

日後，廣欽師喜獲弘公賜贈墨寶一幀，上書法語「有苦皆滅除，自心得安穩」。另一說為，該墨寶係民國二十九年時，弘一法師上清源山，三彈指助廣欽師出定後，返回溫陵養老院；不久，弘公手書讚廣欽師偈語，並親自上山贈師。可惜此墨寶已佚！

民國五十二年（西元一九六三年），廣欽老和尚駐錫土城承天禪寺，其方丈室之門聯原擬採用弘公所贈之法語；卻因其外省籍弟子將老和尚閩南語發音之「自心」，誤聽為「眾生」，因此當時出現了「誤植版」的門聯：「有苦皆滅除，眾生得安穩。」所幸，此「有聽沒有懂」之筆誤所衍生的偈語，語意亦符合佛陀教義；有緣見聞此軼事者，亦為之莞爾一笑！

【註釋】

註一：佛教信眾可概分為「出家眾」與「在家眾」兩大類。前者以比丘、比丘尼為主體，稱「出家二眾」；若根據「性別」及「是否受具足戒」而分，則有「出家五眾」，簡述如下——

（一）比丘：年滿二十歲，受具足戒之男眾僧侶；漢傳佛教行者，須遵守二百五十戒。

（二）比丘尼：年滿二十歲，受具足戒之女眾僧侶；漢傳佛教行者，須遵守三百四十八戒。

（三）沙彌：未滿二十歲，或其他尚未受具足戒的初階入門出家男眾，須遵守十戒。

（四）沙彌尼：未滿二十歲，或其他尚未受具足戒的初階入門出家女眾，須遵守十戒。

（五）式叉摩那：已受沙彌尼十戒，並增受六法戒，但尚未受比丘尼具足戒的女眾學法者，又名「近事女」。

註二：囊山慈壽禪寺為創建於唐代僖宗在位期間的千年古剎，其開山祖師妙應法師（西元八二〇至八九八年）為一特立獨行的奇僧。傳聞妙應法師出行時，每有一雙馴虎跟隨，人遂以「伏虎祖師」稱美之。他住持囊山該寺時，名聲遠揚，常住僧人高達千人。

宋、元兩朝，該寺屢興屢廢；明朝初期，多位住持接續積極建設寺宇，明宣宗宣德八年（西元一四三三年），一度擁有殿堂僧房三百多間，重現閩中古剎風采。明世宗嘉靖年間（西元一五二二至一五六六年），慈壽寺先後遭到三次破壞，寺院幾全毀。清朝時，寺院仍處衰敗境況；直到光緒十一年（西元一八八五年），住持通源法師手敲木魚、四處募化，乃完成大雄寶殿的重修。今天在大雄寶殿還可看到這副楹聯：「伏虎初興慈壽寺，敲魚重振古囊山」。

光緒三十四年（西元一九〇八年），源智、慧賢法師相繼興建禪堂、齋堂、庫房、客室、鐘鼓樓、伽藍殿、祖師殿、功德堂及左右兩廊。民國二十一年（西元一九三二年）住持化光、證明及妙義法師，又重建方丈室和山門。上述建築都採用磚木混合結構，至今仍保存完好！

註三：「三壇大戒」乃漢傳大乘佛教「出家僧眾」所特有之傳戒儀式，依「初壇」、「二壇」以及「三壇」次第正授，分別傳授「沙彌（尼）戒」、「比丘（尼）戒」和「出家菩薩戒」。比丘受具足戒，需「三師七證」共十師。三師者：一、戒和尚，正授戒者；二、羯磨師，讀表白及羯磨文（懺悔文）者；三、教授師，教授戒律威儀者。七證者，七人之證明師（即「尊證阿闍黎」），七人以上不厭其多。若在邊地，則可減為「三師二證」。戒子受戒前，應如法恭請「三師七證」登壇主法。登菩薩壇時，進一步以「釋迦如來、文殊菩薩、彌勒菩薩」為三師和尚，十方諸佛為尊證，一切菩薩為同學伴侶。又「戒壇」亦為助道要緣，須先結界（保護道場與行者的儀式）；受戒期間，戒子於戒壇內淨心求戒，不得無故出離。

「初壇」求受十條沙彌（尼）戒，主要是求受「攝律儀戒」；受戒期間，主要是教授禮儀、規矩，讓戒子了解「如何成為一名好的出家人」。

「二壇」是求受比丘二百五十條戒、比丘尼三百四十八條戒法，著重持受「攝善法戒」：主要是教授「如何修行善法」，講說「持戒的功德、法益」等等。

「三壇」求受菩薩戒，即「攝眾生戒」（或作「饒益有情戒」），主要教導如何興發「上求佛道，下化眾生」的菩提心；菩薩行者不僅是消極地不造惡，更要積極地廣修一切善，乃至遍學一切法門，以具備度化眾生的德能。

三壇大戒圓滿，戒子就成為一名合格的出家人了！

註四：參考釋明靄撰《廣欽老和尚的事蹟及其修行方法之研究》，頁八五：廣欽老和尚出家弟子傳斌法師的說法。

第四章　入山潛修期

「縱使住在山上一千年，也只是自度；若要度眾生，就必須回到山下。」他毅然決定回到承天寺，啟動「不為自己求安樂，但願眾生得離苦」的大悲行。

推測在民國二十四年底或翌年初春，已成為比丘的廣欽師帶著簡單的「家當」（幾件衣服、針線，和一、二十斤米、兩盒火柴）走向泉州北郊的清源山，即將進行一番心性上「脫胎換骨」的自我修煉！

在其上山前夕，早年曾鼓勵他潛心念佛的宏仁法師，將「臨濟法牒」交給他，並囑咐他當珍重流傳道法，是以廣欽師被視為臨濟宗的傳人。兩人並相約在該山各自用功：廣欽師於清源山碧霄岩洞中苦修，宏仁師則在附近瑞藏岩洞中念佛。廣師入山初期，與宏師仍有所往來，彼此為相互提攜的同參師友！

深山潛修　猛虎皈依

廣欽師選擇清源山為其潛修處，除了該山的地緣接近承天寺之外，山上多花崗岩洞的地質特色與冬暖夏涼、氣候溫暖潤澤的先天條件，應當也是他考量的重要因素。

清源山這座海拔介於五、六百公尺上下的千年文化名山，位於福建泉州市北郊，與泉州市區三面接壤。別稱有「泉山」（因有許多「泉眼」，泉州也因山得名）、「齊雲山」（峰巒間常有雲霞繚繞）、「北山」（位於泉州北郊）及「三臺山」（有三座山峰）。

此山是閩中戴雲山餘脈，山脈綿延二十公里，有「閩海蓬萊第一山」之美譽；地質以花崗岩為主，多奇岩怪石與天然岩洞。現仍保存完好的唐、宋、元時期道教、佛教大型石雕七處九尊；其中，刻於宋代的「老君岩老子坐像」，被譽為是巧奪天工的道教石刻藝術極品。

根據《泉州府志》記載，清源山最早開發於秦代（西元前三世紀）。唐代（西元七世紀初至十世紀初）「儒、道、釋」三家競相並存，兼有伊斯蘭教、摩尼教與藏傳佛教的活動，而以宋元時期（十世紀中葉至十四世紀中葉）最為鼎盛。從秦代開始，歷代皆有道士入山修煉。

秦朝有名為「大道」者，於清源山左峰修行；其修道處，後人供奉之，名為「大道岩」。唐朝，道家高士蔡如金在清源山紫澤洞隱居煉丹；繼之於該洞修行者，為五代譚峭。南宋紹興年間（西元一一三一至一一六二年），有道術精深、坐化於清源洞的裴道人（世稱裴仙公）。明朝（西元一三六八至一六四四年），有隱居在紫澤洞、身懷「畫雷賣雷」絕技的道家游仙董伯華。相傳，兒童每給一文錢，他就畫雷於孩子掌中；兒童握拳而去，待至靜僻處把手掌打開，便可聽到轟隆隆的雷聲而樂不可支。董仙將賣雷的錢，扣除自給外，其餘則施捨給窮人。

除了道家游仙入山修煉外，還有多位著名佛教僧侶也與清源山結過緣。北宋晉江僧人法超（西元一〇四九至一〇五四年），俗姓施，一生熱心公益、扶危濟困，晉南百姓至今還以「施祖師」稱之。又如清末民初、中興南山律的高僧弘一法師，曾遊賞並客居清源洞若干日。為清源山增添多筆傳奇佳話！

此外，尚有多位歷史名人，如出身泉州、「文起閩荒，為閩學鼻祖」的唐代進士歐陽詹（西元七五五？至八〇〇年）；以及南宋理學家朱熹、明代嘉靖年間抗倭名將俞大猷（西元一五〇三至一五七九年）、明代名儒林孕昌（西元一五九五至一六五七年）、晚明清初「頭不戴清朝天，腳不踏清朝地」的洪承畯（洪承疇之弟）、晚清泉州最後一位狀元吳魯（西元一八四五至一九一二年），和創始福建摩尼教的呼祿法師等。彼等或上山潛修、或講學佈教、或憑弔先哲、或遊賞題字，在在豐厚了清源山的人文景觀與文化底蘊。

入山後的廣欽師，在半山腰找了一個理想的「打坐關房」——碧霄岩石洞。岩右矗立一高約丈許的石壁，一顆大石頭攀掛其外，巧妙形成一個中空的小石洞。該石洞兩邊各有一天然洞口，均可進出：左洞口較寬，最高處，人可挺身直行而入；右洞口較窄，出入則須低頭俯身而行。入住其中的廣欽師，感覺洞內很清幽；又發現裡面有一塊石頭，正好讓他可以在上面打坐，真是舒適極了！或許是為了安全與隱密性的考慮，他便設法將較小的洞口塞住、阻斷通路，只留另一個較大的洞口方便出入。

某天日落時分，正在用功的廣欽師先是嗅到一股腥羶味；睜眼一看，不禁嚇了一大跳——迎面而來是一隻以屁股先入洞的老虎！他本能地高聲驚呼：「阿彌陀佛、阿彌陀佛、阿彌陀佛……」還不斷地磕頭，又合掌說：「老虎你慈悲啊！你不要吃掉我；不是我要佔你的洞，實在是天氣冷，我沒辦法才進來的啊！」

沒想到，老虎也被洞內這位念佛人的「師吼」嚇到了，一溜煙地往外跑出去！隔一會兒後，牠又再度緩步進洞來。廣欽師就對牠說：「山君（老虎的別稱）啊！你能不能把這個洞讓給我修行呢？還是，你要把我給吃了呢？」他已抱定「從容就義」之心：如果老虎選擇後者——將他活活吞食，他也平心接受；因為，基於因果的法則，這是他該承受的報應。慶幸的是，這位虎兄似乎善解人意，沒有流露絲毫攻擊的惡意。於是，廣欽師就為牠授皈依；當然，肯定也會為這位虎兄開示一番「重新做人」的道理！

而能促成這分為老虎授皈依的善緣，廣欽師的說法是：這就叫做「以心動心」——「我無惡意，牠也無惡意」，雙方釋出的訊息，觸動了彼此的真心善意，遂成就了這個殊勝的菩提因緣。

第二天，這位新皈依的虎兄竟帶領許多隻小老虎，在洞口遊走戲耍、「大獻虎舞」，顯得十分快樂的樣子；牠還頻頻向廣欽師點頭，似乎意有所求——莫非，身為一家之主的牠，特地率領其家小來請求皈依？廣欽師也慈悲地滿其所求，為其家小授三皈依並略說法要。

日後，他個人認為，之所以能臻此「人虎相安」的境界，是因為吃素修道累積的德能所感召的善果。此番伏虎經驗，也印證了古德所言：「道高龍虎伏，德重鬼神欽！」

爾後，人們習慣以「伏虎師」、「馴虎師」稱道廣欽師，則與一群上山砍柴的樵夫有關。

某一天，正在洞內禪修的廣欽師，忽聞洞外傳來人們的驚叫聲，他連忙出外一探究竟。原來，聲音來自岩洞附近上方的幾位樵夫；他們在歸程途中，意外受阻於下方的猛虎，幾個人正苦於無計可施！廣欽師隨即招呼他們：「不用害怕，你們下來沒有關係！」然而，樵夫們卻只是面面相覷，依然不敢輕舉妄動；倒是先前大夥七嘴八舌的喧嚷聲，霎時戛然而止——他們被眼前「人虎和平相處」的「奇蹟」所震懾而說不出話來！

廣欽師注意到樵夫們以驚訝的眼神看著他，頓時恍然大悟、自我開解：「我不怕，但怎能叫他們也不怕呢？」於是轉而對老虎說：

你們看看自己，前世造惡業太多，瞋恨心太重，今世生得這付凶巴巴的面孔，人見人怕！還不趕快離去！

言畢，老虎「依教奉行」，火速離開，受困的樵夫們也因此得以順利下山。這些樵夫親眼目睹的「奇蹟」，也隨著他們的口耳相傳，而讓越來越多人認識這位清源山上的「伏虎師」。

猿猴獻果　山薯供僧

隱遁清源山修行的廣欽師，居山初期，每逢朔望（農曆初一、十五）即下山回寺，向轉塵師公領取道糧。在米糧尚稱充裕的居山前期，廣欽師頗能專心用功、淨心辦道；置身在「空山不見人，但聞鳥鳴、猴子叫」的他，十分享受遠離眾聲喧嘩的世間，與內外世界皆清淨無比的境況。

如此過了數個月後，廣欽師帶去的米糧吃完了，便使出之前在承天寺自行「餓其體膚，空乏其身」的嚴格訓練功力（對食、衣、住等方面之需求，皆降至「最極限簡約」的底線）——他開始打坐，試圖超越肉體飢餓的需求！他回憶道：「只坐一星期，肚子即感覺餓，我便出洞覓食。」

廣欽師看見樹上猴子吃樹子，心想：「猴子可以吃，人也應該可以吃。」於是就地撿拾猴子吃剩的樹子來吃。吃後覺得很舒服，便打算撿些回去吃；猴子見狀，就使勁用力搖樹，助使樹子掉落地面，好方便他撿取。真是別出心裁的「獻」果方式！

吃了幾天樹子後，存糧又告罄了；廣欽師又如法炮製，啟動打坐功夫（期間有出入定）。約一個月後，又餓了！這次出去覓食，他找到一塊約有一、二十斤重的山蕃薯。他利用一根樹枝為工具，挖一小塊山薯果腹；隨後再用泥土覆蓋好「母山薯」，便繼續用功。廣欽師認為：「本來修行只是借假修真，吃一點，聊以充飢即可。此塊山薯再生小山薯，足足讓我吃了三、四年。」

佛門大德曾云：「衣食之中無道心，道心之中有衣食。」意謂：出家人只要真心修行辦道，就不愁沒有衣食。廣欽師的「山薯奇遇記」，印證此說不虛！

解決了「住」與「食」的民生需求，剩下來只有「衣」的問題。廣欽師自言：「在洞內衣服很乾淨，很少洗；有時我也補補衣服，但是日積月累，衣服仍會破。等到三件衣服只剩一件，並且破爛不堪時，我就安慰這個假體說：以後再做好的給你穿。」

世人應以廣欽師為鑑。世俗人多一味追求錦衣玉食、華屋豪宅，耗費過多心力於物質欲望的滿足，卻忽略內心涵養的提升與人生智慧的探尋，遂自困於三界火宅中。修行人則反其道而行：淡泊寡欲、不汲汲於食衣住等物質生活的營求，而勤於淨化身心的修持，以開啟潛在的內明覺智，做一位「不為物役而能役物」、具足出離六道輪迴之德能的大自由人！廣欽師「借假修真，莫為物累」的心語，誠可作為修行人反躬自省的箴言。

弘公彈指　廣師出定

「山中無甲子，寒盡不知年！」民國二十九年（西元一九四〇年），寓居岩洞四年多的廣欽師，隨著個人精進不懈地修持，禪功日益增上！之前，因「虎患」而結緣的樵夫們，三不五時打從其岩洞經過，總會留意其行蹤；偶爾遙相見面，也會彼此打個招呼。

就在該年的某一陣子，樵夫們發覺許久未見廣欽師身影，不禁議論紛紛。某位樵夫在好奇心的驅使下，特地攀岩附枝上山，前往洞中探視：只見「伏虎師」安坐石上，閉目入定，狀甚泰然；遂不敢驚動打擾，悄悄地從洞外折返。

如此過了些時日，該樵夫仍不見廣欽師現身洞外的蹤跡，便再次「登洞拜訪」：只見法師依然安坐洞內、如如不動，一如往昔！經過幾番探視後，樵夫心中不免「生起疑情」；於是熱心地趕往承天寺，稟告轉塵老和尚。老和尚聞訊解釋道：「此為入定狀態！」安慰樵夫不必擔憂、緊張。

可是，三、四個月過去了，仍未見廣欽師有任何動靜！任誰都無法相信，人可以不吃、不動，一逕打坐這麼久？於是，關心此事的樵夫們，決定再度入岩洞中，嘗試與入定中的廣欽師「溝通」：他們呼喚師名，師默然以對；再試探師之鼻息，驚覺師竟已無出入息！他們認定：廣欽師必然是已氣絕身亡。於是，趕緊遣人前往承天寺通報，並建議寺方，宜及早處理後事，讓亡者入土為安，切莫任棄遺體於荒郊！

獲悉廣欽師近況之消息後，轉塵老和尚推算：從最初接獲樵夫之通報迄今，已相隔一百二十天；其間，彼等轉述廣欽師所示現之樣態，誠非比尋常！然而，他又不敢驟然斷定樵夫所言為是。於是，他一方面請人上山準備柴火，預備為廣欽師荼毗（火化）；另一方面，火速捎信給刻正駐錫永春普濟寺的弘一大師，請弘公專程來鑑定一番。弘一大師獲函，即刻託人轉達：荼毗一事，千萬不可率爾進行；須等他上山勘驗了解後，再作下一步打算。

回顧弘一大師與承天寺結緣，始於於民國二十四年，應請於戒期中開講「律學要略」。民國二十七年（西元一九三八年）春，於該寺宣講《華嚴經．普賢行願品》；同年冬，於該寺佛教養正院同學會席上，演講「最後之懺悔」，痛切發露懺悔一己之過愆！民國二十八年（西元一九三九年）初春，大師自承天寺出遊清源山，頗好樂該山幽靜之美，遂暫居於中峰山頂之清源洞（有佛、道二教的相關舊建築）若干日。

由以上說明可知，弘一大師與承天寺及清源山早已結下不解之緣；也間接說明，為何轉塵老和尚當年是敦請弘公上清源山「釋疑」，而非央請其他高僧蒞山提點。

弘一大師應請來至承天寺後，便與轉塵老和尚率眾數人上山，探視廣欽師。弘公仔細凝視端坐在岩洞中的廣欽師，前後左右地逐一觀審，表情嚴肅而認真，最後讚歎道：「此種定境，古來大德亦屬少有！」於是，在雙眼緊閉的廣欽師耳邊，輕輕彈指三下（助其出定）。

「所作皆辦」後，弘公與轉公領眾安靜地走出洞外，順著碧霄岩右方石級登數十步至瑞藏岩。大家來到瑞藏岩宏仁老法師的茅蓬，茶未泡開，廣欽師已出定，前來向弘一大師、轉塵老和尚和宏仁法師（他的法師父）等人頂禮請安。弘公謙沖自牧，不敢妄以長輩自居，亦與廣欽師相互回禮。

「大師難得蒞臨此處，不知可有任何訓誡？」廣欽師把握這千載難逢的機緣，向弘公請法；弘公輕聲回應：「不敢、不敢！打擾仁者清修，罪過、罪過！」相互寒暄後，弘公見事情已妥善了結，便叮囑廣欽師：「這裡沒事了，您還是請回吧！」此樁足以垂範久遠的佛門公案，就在弘公如此雲淡風輕的話語中，不著痕跡地帶過了！

令人歎服的是，弘公唯恐干擾到廣欽師的清修，遂選擇繞行後山小路一圈，從遠路出山去。其心思之微細周到、行止之溫和慈悲，誠即身示教之人天師表！

自度成就　通過試煉

「上山苦行」為開智慧，「下山化眾」為行慈悲。廣欽師獨自在山上苦修約六年左右，其所證悟之境界，誠非吾等凡夫肉眼所能揣度！但可以肯定的是,若非道心堅定的行者,任誰都很難忍受長期面對孤寂的處境與物資匱乏的生活，而他竟然安之若素，唯道是念。其難行能行、難忍能忍之精進，誠非常人所能企及！

《俱舍論．歸敬頌》以「三德」讚佛：

（一）「智德」：佛心澄明，能照一切法界、破一切無知，具無上菩提（覺智）。

（二）「斷德」：佛心澄明，能斷一切之妄惑而證無上涅槃，具足「常樂我淨」四德。

（三）「恩德」：以智照一切法界，明「緣起性空」之理諦故，於苦眾生起救濟心，具足大悲心。

其中，前二者為自利之德、後一者為利他之德，三者以此圓具自他之萬德。佛心澄明為「大定」；能照一切法界是「大智」；以般若智照一切法界而興發救度眾生之心，是為「大悲」。

推想廣欽師在弘公三彈指，助其從甚深禪定出定後，必然具足了「大定」與「大智」；進而也必然會因著「大悲」心的驅動，從孤身獨處的山林，且向有人行處行！

完成自度的廣欽師自知，一己長年在山上與鳥獸為友、遠離人群，雖然得享六根清淨、以法自娛的法樂，但也只不過是「度自己」而已！而釋迦佛的教導乃是，自度後必須要進一步「度眾生」；如果只耽於「自了漢」的境界，是會被呵斥為佛門的焦芽敗種。「縱使住在山上一千年，也只是自度；若要度眾生，就必須回到山下。」有了這般的體認後，他毅然決定回到承天寺，啟動「不為自己求安樂，但願眾生得離苦」的大悲行。

設想，當年世尊在菩提樹下成等正覺後，若一味耽溺於禪悅之樂，不願起座化導眾生，最終也只能落得「變成一顆大化石」的下場，無法落實佛出世的本懷——為有緣人「開、示、悟、入」佛之知見。

約在民國三十年（西元一九四一年）前後，廣欽師回到了他離開六年左右的承天寺。「我下山時，髮鬚皆長，和山人一模一樣！寺裡的人都不認得我，我說我是某某人於此出家、拜誰為師，他們就拿衣服給我穿，要我喝點米湯；我本來不想吃，但大家好意，不好意思不吃。吃一點後，感到頭腦沒有那麼清楚、那麼靈敏、那麼精、那麼明。」寺裡面的常住眾，對於這位歸隊的「山頂洞人」，或投以好奇的眼光，或抱持懷疑的態度；惟大部分的同修，皆能以憐憫體恤、敬重嘉勉的眼神，善待這位在山中自修的苦行僧！

而廣欽師本人，無論眾人以何種眼光相待，他「一本忠厚謙謹的態度，和顏悅色地待人」，未曾因自己「特立獨行」的修行際遇而自命不凡。白天，依舊勤於分擔寺眾的勞務；晚上，大殿打坐、寂然入定。從其外表，完全看不出這位「另類」自我淬鍊的行者，其內心世界所臻的化境。

奇怪的是，廣欽師回寺不久，就發生了一樁「舉寺震驚」的事件：大殿功德箱內，信徒供養的香火錢，竟不翼而飛！這是該寺從未發生過的怪事。寺裡僧眾先是為之譁然，繼而尋思：最有可能動手腳的「嫌疑犯」為誰？最終判定：每晚在大殿打坐的廣欽師，是頭號可疑人物。
僧眾如此未經審辨考察的「自由心證」既已成立，大眾面對廣欽師時，便以佛制「默擯」待之（「默擯」為世尊遺教，意即對於僧團中不如法的修行者，便不與他說話、打交道）。
倒是平白無故遭受眾人「漠然以對」的廣欽師，連半句為自己辯駁的話也沒有，遑論露出絲毫怨懟的眼神！經過一個多禮拜，飽受寺眾「冷待遇」的他，始終怡然自得、不為所動。自始自終在局外冷眼旁觀的監院師與香燈師，在認可廣欽師「過關」後，便公開為大眾揭曉謎底——
原來，香火錢並沒有被偷，而是他們兩人為考驗廣欽師在山上多年苦修的火候，故意捏造事端，讓大眾誤以為他是偷竊大殿香火錢的內賊。事實證明，廣欽師真是一位「無我相、人相、眾生相、壽者相」的開悟修行者。
真相大白後，寺眾除了懺悔愧疚無故冤枉好人外，對廣欽師超然的胸襟與「真金不怕火煉」的人格，更是由衷敬佩歎服！

第五章　來臺弘化初期

臺灣佛教受日本神教影響，早已是僧俗不分！我與臺灣有緣，未來將渡臺建道場、度眾生，以我此身示修佛範、力挽狂瀾，助使佛教重歸正軌。

弟子圓緣　乘願渡臺

民國三十五年（西元一九四六年）端午節（國曆六月四日）過後的一個上午，五十五歲的廣欽師正在承天寺大雄寶殿左側大門內垂目趺坐時，無意間被一位來寺遊賞參訪的林覺非居士（民國三年至？）瞧見；該居士當下被眼前這位禪師莊嚴肅穆的坐禪法相所吸引，歡喜與崇仰之心油然而生！

林居士不敢打擾禪師清修，只靜靜地在一旁恭侯，等待請益的機緣。未幾，恰有一小沙彌以寺務相告，廣欽師遂出定應接。小沙彌一離開，林居士即俟機向禪師鞠躬、請求開示。

廣欽師問他：「你來自什麼地方？到這裡做什麼？」林居士答說：「我來自永春，目前暫住泉州朋友家，今天利用候船渡臺的空檔前來貴寶剎一遊！」

廣欽師便建議這位難得造訪的居士，可隨興到各殿參觀、四處走走；林居士乃遵其言，開步朝大殿內前行；走沒幾步，他回頭一看，禪師已再度進入禪定狀態了！他也無法解釋，為何禪師對他的吸引力如此之大，讓他只想駐足其旁、隨侍左右？

皇天不負苦心人，旋即又有一寺僧來與廣欽師談話，林居士便趁機再度靠近禪師；但是，禪師似乎「故意」顯出厭煩之色，告訴他：「你既然從永春來，恰好寺中有一老僧是德化（永春鄰縣）的秀才。你是讀書人，我帶你去拜見他，也可請他講講佛法，增長智慧！」言罷，立即下座，引領林居士至客堂謁見年逾古稀的老秀才僧後，便獨自返回大殿。

而念念繫心於禪師的林居士，對於老秀才僧所賜贈的經典與開示，只是禮貌性地回應，與之坐談片刻即辭謝，火速回到大殿；他三度親近禪師「伺機糾纏」，禪師亦勉強應付而已。及至日午，他才意猶未盡地離寺而去！

次晨，林居士又至承天寺，廣欽師仍坐於大殿左門內側；見林居士再度來訪，乃笑顏相迎，態度迥異於昨日。兩人遂展開了一番「影響未來臺灣佛教發展」的談話。

廣欽師打開話匣，告訴林居士：「你打算去臺灣，可也！也確實是需要你去。你到臺灣後，記得要寫信給我。臺灣佛教受日本神教影響，早已是僧俗不分！我與臺灣有緣，未來將渡臺建道場、度眾生，以我此身示修佛範、力挽狂瀾，助使佛教重歸正軌。這是我的心願，希望你要謹記。你抵臺後，尚有一段苦頭待嘗，恐怕你會承受不了！」

林居士答道：「臺灣之行，如果是我應當前去，雖萬苦不辭、自願樂受！」

廣欽師嘆息著對他說：

你宿世累積的業力十分深重，必須經由苦難的磨鍊，才有可能消除；既然你願意接受魔考，就儘管放心去吧！古德所謂「有苦自有甜」，苦到能起歡喜心，才能嘗出滋味；希望你遭逢大厄難時，莫忘初衷、勇猛精進。

林居士毅然回答：「絕無退悔之心！」並表明拜師為徒之意，廣欽師亦歡喜接受。

幾天之後，國曆六月十九日，經過簡單的皈依儀式，林居士正式成為廣欽師所收的第三位皈依弟子，為後續長達四十年的師徒情誼揭開序幕！廣欽師之前在清源山苦修時，曾收了一位剃度弟子（惟三年後圓寂）與一位在家弟子莊堵（日後曾至臺灣與師續緣），林覺非居士因此成為廣欽師所收的第二位在家弟子！

奇妙的是，原訂國曆六月十七日啟程渡海至臺的林居士，臨行向師辭別時，師曰：「如果未成行時，可再來敘談。」果真天有不測風雲！十七日午夜，由泉州灣出航的帆船，在翌日中午即因老舵工觀察到「臺灣上空有颱風」而打道回府，輾轉駛入泉州灣，另擇期開航。

十八日晚，林居士下船後，直奔承天寺謁師；廣欽師似乎預知他的到來，早已站在大殿外平臺等候。一見到林居士，便笑著對他說：「我知道你會再回來，你我師徒之緣尚待圓滿，豈可放行？」也因此「變卦」，成就了十九日早晨舉行的皈依儀式。

完成儀式後，林居士請示師：「弟子去臺心切，不知何時可成行？」廣欽師再度展現其神準的預言能力，答曰：「颱風不久就平息，二十日晚應可上船，二十一日出海，二十二日即可抵達臺灣。」果然，後續一切進程皆依師所言逐一實現；啟程前喜獲廣欽師連番「順風」叮囑的林居士，也於二十二日中午前安抵公司寮（海線龍港站，今苗栗縣後龍鎮）。全程只花了二十二小時，堪稱前所未有的快速紀錄！林居士也因此「感應」，益發感念佛力之無邊與師恩之加被，對廣欽師更是崇敬不已。

林居士抵臺後，先是寓居在臺北的叔父家，並即刻寫信跟廣欽師父報平安，師徒兩人便透過書信保持聯繫（廣欽師應是口述請人代筆）。翌年（民國三十六年，西元一九四七年）四月，廣欽師（已從泉州承天寺轉往廈門南普陀寺，住後山石洞禮佛）函告林居士，決定接受他的請求來臺弘法。得知師父之意，喜出望外的林居士立即匯款供養師父船資。

廣欽老和尚晚年曾自述當時的經過：「他（林覺非）到臺灣寫信請我去弘法，我想我不認識字，怎能去弘法？況且我在承天寺買菜，不會算術，所分的單金都倒貼，身邊一些錢也沒有。他想我衣、食、住都很簡單，不必麻煩，就寄錢給我做路費。我到廈門南普陀後，接到從承天寺轉來他寄的信及壹仟元。」

不久後，在廈門辦好相關出境證件後，五十六歲的廣欽師就跟南普陀一位正好要回臺的普觀法師（日後為基隆中正公園大佛禪院開山住持）結伴，在該年農曆六月十五日自廈門搭乘英航號輪船，十六日安抵基隆。

廣欽師在承天寺將往南普陀前，出現一個瑞兆：有白鷺鷥在他面發出陣陣鳴叫聲，聽起來像是在呼喚「老和尚」；起初，他以為是在叫師公轉塵老和尚（因為師公當方丈和尚），沒想到是在叫他！

為何這會被認為是一個瑞兆呢？廣欽師認為：「要當『老和尚』可不簡單，不是隨便什麼人都可稱為『老和尚』，必須是有度人的德能，有能力勝任方丈、建道場度眾，並且道行較一般法師高超。」

或許也因此「好兆頭」肯認他具備度眾的資格，從而促使廣欽師決心來臺弘法！

這不禁令人聯想到，歷史上很多高僧大德在面對決行重要「法務」前，都先虔誠恭敬稟報諸佛菩薩，祈請指點庇佑；待獲得祥瑞的徵兆或示現之後，再付諸行動。玄奘大師（隋文帝仁壽二年至唐高宗麟德元年，西元六〇二至六六四年）即是箇中絕佳範例——

玄奘大師初生時，母親夢見他身穿白衣往西而去。母親問他：「我兒啊，你要往哪裡去？」他答道：「兒為了求法，必須西去！」此堪稱其日後游方之先兆也。

及長，玄奘為解決佛典釋義分歧、真偽難辨之困惑，無視官方的禁令與旅途的艱險，一心嚮往西行求法，並預做種種「行前訓練」。待他確認一己無畏人間眾苦、堪任不退，始入佛塔向佛菩薩啟請、表明自己的意志，並乞求諸佛護佑其往還皆暢行無阻！

唐太宗貞觀三年（西元六二九年）秋八月，二十六歲的玄奘動身出發前，又祈求佛賜祥瑞，乃夜夢大海中有座四寶嚴麗的須彌山。夢中，他無懼波濤洶湧的海面，決意登山，隨即縱身而入！忽見海面湧出石蓮花，凌空托住他的雙足；他回頭探看，前一刻所踩的石蓮，已隨足印褪逝而滅。轉瞬間，玄奘即順利踏蓮登岸，來到須彌山下。他見山勢峻峭難行，遂試圖踴身騰空「自飛」；霎時，刮起一陣猛烈的旋風，倏地讓他憑風扶搖直到山巔。安立在山頂的玄奘，放眼四面皆空曠寂靜、通透無礙，不禁欣喜不已！

從好夢醒來的他，便毫不遲疑地踏上西行之路。

隨機度亡 保寺安寧

從基隆登岸後，廣欽老和尚（底下行文，皆以「老和尚」稱呼師）曾暫住臺北臨濟寺，依止其師伯瑞源老和尚。不久後便到普觀法師俗家姊姊所住之仙洞巖（簡稱「仙洞」，舊名「靈仙洞最勝寺」）住了四、五個月；期間，可能也曾掛單基隆極樂寺與靈泉寺，然後再由林覺非居士接往臺北。

到了臺北，老和尚先住在士林芝山岩幾個月，隨後到萬華龍山寺。過沒幾天，即因天氣太熱而從龍山寺轉往新店空軍公墓下的水濂亭，寄身在破舊的日式空屋內。

廣欽老和尚在水濂亭住了一、兩年，有位帶髮修行的齋教（註一）菜姑前來請他去臺北西寧南路的法華寺。法華寺原屬「日本日蓮宗」（註二）的佈教所（西元一九〇九年遷至此址），日本大正六年（西元一九一七年），官方准予登記為「南海山法華寺」。民國三十四年（西元一九四五年）日本戰敗後，改由在地信眾接手管理。廣欽老和尚應請，乃偕同高銘樹居士前往法華寺。然而，事先並不知該寺晚上會出現「靈異現象」——許多日本鬼魂出現其中！

廣欽老和尚晚年述及此事時，有如下之描述：「到了夜晚，陰風冷冷，許多身穿和服、梳髮，身上揹個東西的日本鬼出來了！大家都不敢待在寺裡過夜，一個個相繼溜走，獨剩我一個人留宿。我就應機向這些鬼魂們開示，並在地下找出許多浸泡在水缸中的骨頭；我一一把它們撿起來晒乾，裝好後又念佛超度，這樣方平靜下來。」

當年曾見證廣欽老和尚度化法華寺亡靈的周宣德居士（西元一八九九至一九八九年），於〈我與廣欽菩薩的一段因緣〉文中，亦提及當時法華寺菜姑跟他說：「那寺內晚間無人敢住宿，因為深夜有鬼自動打開房門、窗戶，並且開關電燈……種種擾亂動作，使人身心悚然，夜不成眠。」身為虔誠佛弟子的周居士，聞言頗引以為憂，並亟思對治「鬼魂為患」之道。沒想到，神奇的感應發生了！

某日午後，他與廣欽老和尚在離法華寺不遠的路上，不期而遇：「我看他步伐輕飄，目光炯炯，似有道行，就勸他一同進入法華寺休息。」入寺後，廣欽老和尚先行禮佛，繼而在佛龕左側面西的地板上跏趺而坐。周居士預先為老和尚備妥晚餐（香蕉）；逮到天近黃昏，即悄然與寺內菜姑們離寺，只剩師一人留守——且看他如何與即將現身的鬼魂打交道？

第二天早晨，周居士與菜姑們趕赴法華寺一探究竟；只見神色自若的廣欽老和尚，指著殿前右側一客房對他們說：「那兒有兩個日本鬼，你們去翻開榻榻米，取出屍骨，讓我給他們超度。」果然如其所言，菜姑們找到了兩具骷髏。老和尚一面示意菜姑「把它放進寺前焚化紙錢的金爐裡化掉」，一面口中持念佛號（又像是念〈往生咒〉）；之後，便回大殿裡說：「已經超度過了！」雖然如此，當晚菜姑們仍不敢留住寺內。

第三天早晨，老和尚仍端坐原處，並指示「右側後面寮房還有一個鬼」，囑令齋姑如前掀開榻榻米，果真又發現另一付髏骸，隨即送入化紙爐。老和尚念佛持咒後，說道：「他也走了！」第四天早晨，周居士到了法華寺，菜姑告訴他：「師父叫我們今晚可以來寺內方丈寮安住。」於是，菜姑就放心地與數位信徒勇敢地住進寺內，果然自此平安無事、一切清淨！周居士還曾鼓勵菜姑們：「你們應當拜請和尚為本寺住持，留他常住，確保安寧。」

周居士多次請教老和尚修行的方法，得到的答案不外：「你只要淨念念佛號，久後達到一心不亂，自然會有感應。」問題是：周居士不曾聽見老和尚張口出聲念佛？

為了解除心中的疑惑，周居士特別在某個週末假期的晚上，於法華寺佛殿中，坐在老和尚打坐不遠處的椅子上，就近侍候、觀察老和尚的行止。每隔一小時或四、五十分鐘，就輕輕步向老和尚的座側，輕聲問道：「您在做什麼？」老和尚答曰：「念佛！」又問：「念哪尊佛？」答說：「阿彌陀佛！」前後有

七、八次的「如是問」與「如是答」。第二天早上，周居士再問：「您老總說是念佛，可是沒有口動出聲，究竟怎樣念法？」老和尚說：

> 念佛重在「心念」、「專精」且晝夜不間斷、不雜亂；但是，你們能口念、耳聽、心想就是下手功夫，慢慢自然就會做到不分晝夜，一心念佛不亂。由於念佛得定而發慧，必有成就。

之後，在進一步親近老和尚，獲悉其修行經過後，周居士認為：「老和尚這一生雖沒有讀過很多經典，只是經由苦行、念佛而開悟；當因他多生累世修持，才能具足這般神通！」

可惜，法華寺的菜姑們當年沒有福報請廣欽老和尚駐錫該寺。「我使此地平靜後，她們不知恭敬法師，像俗人一樣；有幾個人還說，這下請我來，可能請不出去。我不喜歡住別人的寺，便離開了。」廣欽老和尚如是說。

志在弘化　拒當廟公

廣欽老和尚來臺初期，有多位法師皆曾邀請他去他們的道場常住，但都被老和尚婉拒，因為老和尚喜歡在山上搭茅蓬自修。

他離開法華寺不久，又有大屯山大慈寺的阿瑞菜姑求請廣欽老和尚蒞臨該寺。老和尚仍是由高銘樹居士陪同前往大慈寺，抵寺發現，寺裡蓋了幾間日式房舍，幾位菜姑連同她們的家人住在其中，寺內修行的風貌跟臺北法華寺差不多！也因此，老和尚決定離開大屯山，回到新店的水濂亭。

水濂亭位於新店碧潭吊橋過去的新社（新店區的東南方）。廣欽老和尚曾表示，他當年如果有意建道場，就會把水濂亭那座山買下來；但是他又想，出家人用不著如此鋪張：「能住就好，能過日子即可。」

後來，他從水濂亭望過去，前方有座狀似獅頭的山（即位於新店溪出山口的獅頭山；因形似蹲踞在碧潭上方的小獅子，故又稱「小獅山」），該山上恰有顆大石頭，老和尚便想打個石洞來住：「出家人一直住在俗房（指水濂亭）也不是辦法，所以我便離開水濂亭，和高銘樹到此山打石洞，其他人也幫忙打石洞；於是我便安住在石洞內，慢慢就有些人來皈依了。」

真的是「不怕無廟，只怕無道」，有道之士所在之處，自會吸引有緣的善男信女主動前來親近請法！

廣欽老和尚乃隨順因緣，就所居石洞石壁開鑿一間小寺，命名為「廣明巖」（即今廣明寺前身），時為民國三十七年（西元一九四八年）。廣明巖堪稱老和尚來臺最早創建的道場，最特別的是其山穴建築與雕鑿合而為一。

民國三十九年（西元一九五〇年），廣欽老和尚賣掉原住水濂亭的日式房產，得高額鉅款，遂開始整建廣明巖，包括在崇佛殿旁（原鑿的石洞）另往外增建東室，前方用石頭堆疊成一庭院。後來，在新店諸仕紳的贊助下，在前庭又增建一拜殿、東嶽廳與南極廳；另外，在石洞之右再鑿一「玉清宮殿」。廣明巖便因仕紳熱衷於擴建殿宇，儼然成為神佛不分、佛道混雜的寺廟！

廣明巖寺粗具規模後，信眾日增。由於廣欽老和尚「隨緣度眾」的佛教理念和仕紳們「神佛混淆」的信仰觀念有很大的歧異，民國四十年（西元一九五一年），為了「堅持走自己的路」，廣欽老和尚遂將廣明巖拱手讓給在家信眾，自己轉於該寺北側峭壁下另建木屋，作為休憩與供佛的處所，此即其肇建的第二個道場「廣照寺」。

廣欽老和尚晚年曾提及這一段經過。他說，當時新店有些人組織護法會，目的不是為了擁護佛法，而是想利用出家人來收取香燭錢；這些人缺乏佛教的正知正見，不明空義、不懂佛法，也不懂尊重出家僧眾！

「我在廣明巖度眾，起初我以為護法會是要擁護佛法。後來，我看許多信徒皈依，很熱鬧；人來了，我就粗茶淡飯煮些東西給信徒吃。我想我是要度眾，如對度眾好，什麼道場都可蓋；可是他們護法會的成員不曉得度眾的意義，認為不該煮食給信徒吃，因為這樣花錢，對寺廟的收入不利！」當時，廣欽老和尚的心思重在如何度化有緣信眾，既不重視寺廟門面，也不願為蓋廟而廣開財源，「有多少錢便蓋多少」是他抱持的心態，更重要的前提為，必須是為了弘法利生而蓋。

老和尚自認與臺灣有緣，他說過：「我是有願來臺度眾的。……我是不要名利的，是無所著、無所愛的。……我不分男女老幼、富貴貧賤，只要他能相信我，就是與我有緣，我都一樣看待、都要度他們。」然而，面對廣明巖以名利掛帥的護法會員，廣欽老和尚壓根兒不認同他們的做法，心想在大陸都是在家人蓋寺廟給出家人住，哪有在家人來利用出家人的道理？他是要度眾，不是要做廟公。

因此，他便在廣明巖上面再建個廣照寺，塑造一尊阿彌陀佛（高一丈八，約五公尺又四十五公分）以為對策。於是，廣明巖那裡有某人對老和尚說：「您就住在廣照寺，廣明巖就讓我們來管。」老和尚說：「你們既然要管，廣明巖就讓給你們，我們出家人不是給你們在家人管的！」老和尚便轉往廣照寺住。

「我想廣照寺的這尊阿彌陀佛造好後，新店大小平安，此地必定發達，將來還會變成遊覽區。」這是老和尚鳩工開鑿這尊大佛的初衷。時為民國四十年，也開啟臺灣雕鑿石佛風氣之先！

無奈，老和尚「別出心裁」的慈悲舉措，卻因故中輟。根據蘇鎮瀾撰〈廣明巖記〉所載：民國四十年十月下旬，石雕佛像工程仍在進行中，廣欽老和尚卻突然「拂袖（而去）」，擅離本鎮」，大佛工程因此停頓。翌年，因廣東籍李文啟老居士熱心協助募資，佛像終於在民國四十二年（西元一九五三年）仲夏竣工。大佛龕總高將近八公尺，寬接近六公尺，深則近三公尺，佛身高六公尺三十多公分，為當時臺灣罕見之大型依山開鑿之石造佛像。

廣欽老和尚為何會「拂袖」而去，「擅離」新店呢？實情是，當地有些仕紳強勢介入道場的管理，企圖將老和尚創建的佛寺改為仙公廟；雖經老和尚多番勸阻後，彼等仍恣意妄為！老和尚嘆曰：「此地眾生業根深重，為其造福不知安享，真可憐也！」

所謂「道不同，不相為謀」，老和尚遂決定暫離新店，移錫別處，以守護一己之僧格。

老和尚離開新店之前，信眾曾齊聚於廣照寺大殿為師六十壽誕暖壽。老和尚先是感謝大家撥冗為他祝壽的盛情，接著惕勉在場的緇素二眾曰：「為師如能多辦道苦行、廣度眾生，則壽命盡可綿長。如師只為名利，貪圖享受，不苦修、不度眾，則多活一天就多一天的罪業。汝等出家者應謹記，在家者亦應知曉。」由此段開示，可以如實反映老和尚「唯道是念」的修行本色！

五年後，民國四十五年（西元一九五六年），老和尚隨順因緣，重回新店協助廣照寺的建設，直到民國四十七年（西元一九五八年）底始返回土城火山（後改稱「清源山」）。

老和尚駐錫新店期間，對該地的普度習俗，發揮了佛家慈悲護生的教化影響。據說，老和尚在新店建廣明巖時，適逢農曆七月；老和尚勸誡當地仕紳們，家家戶戶普度時應備素齋供品，不宜殺生以減免罪業，並親至各供拜處上香、誦經。經過老和尚的極力倡導，新店在地人士遂採行「戒殺普度」之供儀；

而該地原本每年皆會流行的疫癘，自此止息滅跡！經過十多年，每逢農曆七月普度，新店居民多不敢殺生破例，地方也逐年平安無恙。

可惜的是，自廣欽老和尚離開新店後，因該地各處建設繁榮、人口日增，信仰也日趨複雜，民眾又逐漸恢復原來的祭祀舊習，未能延續老和尚倡導素齋普度的美意。

老和尚在這裡有一段軼事。當年曾經多次到新店廣照寺拜謁老和尚的廣仁法師，有一次令他難忘的「摩頂」經驗。那是一個微風細雨的寒日，老人在破茅蓬裡打坐，但見幾根香蕉陪伴蓬內這位不食人間煙火的禪行者。廣仁向老人頂禮畢，老人伸手摩他的頭頂，法師感覺到：「手掌似乎很熱，頓覺發暖；陰冷的天氣，老人似不覺得冷！」瘦小的身軀已然超越物理條件的拘礙，此誠老和尚禪定功深所臻之境也！

日月普照　洞湧靈泉

民國四十年十月底，廣欽老和尚離開新店後，曾暫住臺北法華寺。農曆十一月，老和尚聽聞土城、三峽交界處的成福山上有一天然岩洞，即率徒弟傳意、信徒鄭水清等攀藤而上，果見一大石洞，高兩丈餘（六公尺多），長數丈，深約兩丈（六公尺）。「洞內有一池，為山豬洗澡處；洞內有樹，洞頂會滴水。我覺得此地不錯！」老和尚很滿意，決定當晚即留宿於該洞；倒是隨行的弟子，顧慮該處無果腹充飢之食，便勸說：「師父，您不要住這裡。」老和尚不為所動，反而要他們回去，其中一位（傳意師）便說要陪老和尚留住洞內。

日後，老和尚曾回顧當晚的狀況：

我以前在大陸已練好功夫，用坐的，有禪定功夫，根本不怕冷；並且那時我還年輕，身體尚好，一個人住也不怕。而傳意師躺臥著睡，怕冷，便下山拿棉被。回來時，天黑找不到路，就拚命叫我；我大聲回答他，他循聲而至，便開始將洞內整理好。

於是，老和尚再度回歸他所好樂之「安居山穴清修」的隱居生活！

該洞因洞口朝東，日月甫升，光即入洞，故老和尚以「日月洞」命名之。傳說，洞內原無水源，老和尚住洞之日，泉忽自洞壁石隙湧出，順勢往下流注；和尚乃就地構築一小池蓄之，泉水清澈甘美，飲之神清氣朗。老和尚喜獲靈泉，遂於民國四十一年（西元一九五二年）春，於岩洞前蓋木屋三間，中奉地藏菩薩聖像。是年，又於該洞之上方搭建一茅蓬，接引弟子共修，並指派傳意師為日月洞監院。

民國四十二年，老和尚又上山頂，在大石前搭一小茅蓬自住。期間，曾有一大蟒蛇於深夜出現在老和尚住處；牠既不畏懼人，亦無意威嚇人，老和尚隨即慈悲為其授三皈依。日後，山下鄰長之子於路邊草叢驚見一大蟒，乃率眾持棍欲撲殺之；老和尚於山上聽聞喧譁聲，急出面勸阻眾人：「該蟒已皈依三寶，切莫將其殺害！」眾等聞言，遂打消其殺蟒之意。

老和尚高超的道行與德能，再次度化了令人生畏的蟒蛇，也化解了「人蛇交相煎」所可能衍生的惡業！

【註釋】

註一：「齋教」係指，清朝以來，三個廣泛流傳於臺灣各地、以「在家持齋修行」為特色的民間教派：龍華教、金幢教和先天道。由於三教的創教淵源皆可上溯至十五世紀，由羅清（西元一四四二至一五二七年）所創立的民間祕密教派「羅教」；因此，日據初期（十九世紀末葉）的調查，將三者統稱為「持齋宗」。明治四十年（西元一九〇七年），日本「臨時臺灣舊慣調查會」的報告書，開始以「齋教」來稱呼這三個教派。大正八年（西元一九一九年），日本官方首次正式實施的宗教調查中，沿用「齋教」一詞來統稱前述三個教派。

齋教為何又被稱為「在家佛教」呢？因其信眾無須削髮易服出家，而是以俗眾身分在家持齋修行；加上三教共同祖源「羅教」之創立與佛教有淵源，且三個教派在各自發展的過程中多摻合佛教歷史，信徒多以在家佛教徒自居，故齋教又有「在家佛教」之稱。

民眾習慣以「菜公」稱其男性神職人員，而以「菜姑」稱其女性神職人員；其舉行法會儀式或聚會共修的建築物，則被稱為「齋堂」。但實際上，齋教摻雜「儒、釋、道」思想，兼容民間信仰；而在「教義、儀禮、本尊及從祀、誦讀經典、持齋、階級」等面向，三教不僅存在差異，更和傳統正信佛教信仰截然有別。

臺灣齋教在日據初期，其發展遠較佛教蓬勃。大正四年（西元一九一五年），熱中傳播齋教的余清芳（西元一八七九至一九一五年），在臺南西來庵以民間信仰的王爺神為號召，聚眾武裝抗日；事件平息後，齋教便受日本政府嚴格監管，其教眾被納入日本佛教宗派（如曹洞宗或臨濟宗）。二次大戰後，齋教已有顯著「空門化」為佛教的傾向，許多齋堂也順勢轉為一般佛教寺廟。

註二：日蓮宗，也稱為法華宗，為日本佛教主要宗派之一，創始者為鎌倉時代的日蓮（西元一二二二至一二八二年）。日蓮誕生於（今）本州千葉縣南部濱海的漁村之家，十二歲至家鄉附近的清澄山清澄寺修行，十六歲出家受戒。後參學於鎌倉、平安各寺院，二十二歲登比叡山——八世紀時，最澄大師於此山開創延曆寺，後成為日本天台宗總本山。經過多年的埋首研經，他最終確定《妙法蓮華經》是佛教教義中最究竟、優越的經典，其他諸經皆為方便說。

日蓮推崇《妙法蓮華經》宣說佛出世的本懷與所證悟的宇宙萬有實相；在實踐方面，他則提出唱誦「南無妙法蓮華經」的「唱題成佛說」。他在《唱法華題目鈔》中，說此經題五字包含了「一念三千、百界千如、三千世間」及「心、佛、眾生三無差別」的一切法門，任何人皆可因唱念此經題而成佛。

三十二歲（西元一二五三年），日蓮回到故鄉，登山頂、面朝陽，大聲稱念「南無妙法蓮華經」十聲，自此開啟其弘化之教，是為日蓮宗的開宗宣言。西元一二七四年，在身延山創建久遠寺。日蓮具強烈的弘法使命感、對法華信仰的堅固信心，但因其對當政者的直言進諫與對其他教派的激烈批判，一生遭逢多次法難；然而，每度過一次法難，他主張的教法就受到更多人注目與護持。

日蓮圓寂後不久，原有教團即開始分裂。到二十世紀，源自日蓮思想所衍生出來的日蓮系宗派，在日本共有四十餘派，包含傳統教團與新興教派。傳統教團以日蓮宗（以身延山久遠寺為總本山）聲勢最大，日蓮正宗（以大石寺為總本山）居其次；新興教團則以創價學會影響力最大，立正佼成會居次。

第六章　承天禪寺弘化初期

（民國四十四至五十四年）

弘法、度眾生是在自心中度，不是口頭言語上度。須先除去自己的習氣、無明煩惱，再以自己的德行來感化他人；但住一處，即可隨緣度眾生。

本文所謂「承天寺弘化初期」，期間約為民國四十四至五十四年（西元一九五五至一九六五年）。

廣欽老和尚移錫日月洞後，有些信眾在新店找不到他，便打聽到日月洞這裡；隨後，陸續有男女約十幾人也跟著來，並且留住下來共修。

承天寺成　清源山現

老和尚在日月洞住了二、三年，心想：「這還不是與在大陸一樣住山，度眾不方便，許多老人來也不方便！」遂動念想在較低平的地方找一塊適合蓋道場的土地。

當時，許多來自板橋的信眾建議買下今承天禪寺所在的「竹仔林」（在當時的「火山」），並且發心集資買地供養老和尚；於是有五位女眾信徒合資，花了一千元購地，供老和尚建寺之用，時為民國四十四年農曆三月。《廣公紀念堂巡禮》一書中，可見照霞法師與集資購地者（其中四位蓮友）之珍貴合影（頁一二五）。

「竹仔林」顧名思義，該地原為一片竹林，人跡罕至、無路可行；林內光線昏暗、蛇類很多，平常人鮮敢獨自入林；當地人要砍竹子，也要邀五、六人同行。買下此塊地後，廣欽老和尚偕人入林，乃就地取材，請附近的人幫忙將竹子砍下，搭個茅蓬；並將砍下的竹子，裁編為床榻、上敷細草，架在離地兩三尺高（約一公尺以下）的竹根上，並將兩端繫縛於巨竹桿身。他老人家隨即趺坐其上，並對隨行眾人說：「在此打坐甚好，你們可以回去了！」

據說，老和尚於夜晚也露天打坐；清晨時，周遭雨露晶瑩，惟獨其趺坐方圓之地乾爽潔淨。民國四十四年五月（農曆），老和尚闢地搭蓋瓦屋一間，供奉佛像，以為早晚課誦的場所。

民國四十五年（西元一九五六年），廣欽老和尚再回新店廣照寺。翌年，內修密法、外辦賑務、賑災救人無數的密乘泰斗屈映光先生（人稱「法賢上師」）（註一），擬覓一道場傳法；然而，因當時臺灣佛教寺廟多為臺籍住持，對於密宗行法不熟悉，均不敢輕易出借，惟獨老和尚爽快應允（另一說為，彼係應老和尚邀約而傳法）。傳法之日，老和尚特叮囑廣照寺資深在家弟子焚香禮請屈老升堂說法，他隨即悄然暫時抽身離開。

屈老見老和尚一字不識，卻有如此寬宏之肚量與器識，內心十分感佩；日後更與老和尚時有往來，並成為相互敬重的法友。民國五十年（西元一九六一年）老和尚七十壽慶時，撰聯祝嘏曰：

人猿送食，猛虎皈依，現居古稀，仍是忘形，恭祝佛壽無量；
廣照傳經，齋明枉顧，辱承青睞，今將十載，唯期覺岸同登。
另撰對聯賀承天寺開山誌喜：
承自宗風，一棒一喝，莫非說灋（法）；
天容群相，或晦或明，皆示唯心。
民國五十三年（西元一九六四年）冬，又以「洞天福地高人契止，日落月昇萬類化生」對聯，讚頌廣老於民國四十年創建土城日月洞廣照寺之事蹟。
民國四十七年底，廣欽老和尚復返火山；次年（西元一九五九年）又添茅蓬數間。民國四十九年（西元一九六〇年）四月，興建大雄寶殿；竣工後，為紀念大陸泉州祖庭及成就其苦行禪功的清源山，遂命名為「清源山承天禪寺」（原「火山」之名則改稱「清源山」）。民國五十一年（西元一九六二年）再建三聖殿，供奉西方三聖：阿彌陀佛、觀世音菩薩與大勢至菩薩。兩年後，建古色古香之舊山門；山門之楹聯，正面為「常宏本願為菩提道，放下此心入解脫門」，背面為「廣大悲願救度一切眾生脫離苦海，欽涵福慧普施萬類有情圓證菩提」。民國五十四年（西元一九六五年）春，將茅蓬改建為鋼筋水泥之方丈室；九月，續興建齋堂與大寮（廚房），承天禪寺的初步建設於焉完成！

承天禪寺建設初期的「聯外道路」，為民國四十九年從清源山山腳下起，用一塊塊石條鋪設而成的人行步道，全長約九百公尺，沿途綠樹林蔭相伴。民國五十二年（西元一九六三年）左右，開始有信眾發心，沿著步道兩旁豎立刻有佛菩薩聖號（例如南無觀世音菩薩、南無清淨大海眾菩薩、南無大乘妙法蓮華經法華會上佛菩薩等）的石碑、石柱與石雕，期讓朝山者一路蒙佛護佑、「見佛心喜」！現存石碑大約建於民國五十二年至五十五年（西元一九六六年），捐獻者包括香港的信眾。

此林蔭步道於民國九十四年（西元二〇〇五年）命名為「廣欽老和尚紀念步道」。迄今，仍舊可見許多虔誠的朝山信眾，自山下沿著步道，三步一拜直至承天禪寺大雄寶殿！

早期建寺所需材料，一磚一瓦都要從山下以人工肩挑，徒步沿著上山石徑扛運到山上，不難想見當時建寺之艱辛！當時，寺內全體住眾都得參與建設工事；「一面心中念佛不斷，一面發心為常住工作」，是廣欽老和尚為弟子們所楬櫫的修行不二法門。

雖然依佛制戒律與《佛遺教經》所示：「持淨戒者不得販賣貿易，安置田宅。……不得斬伐草木，墾土掘地」，但根據道證法師（民國四十五至九十二年，西元一九五六至二〇〇三年；依止老和尚弟子傳緣、傳淨兩位尼師出家，且曾親炙老和尚）的理解，「全體出家眾參與建寺工程」的作法，是老和尚「大菩薩示現，為特殊根機所用之特殊教育」，不可視為常例。而根據置身其間、依教奉行之常住眾的切身體驗，彼等確實因著老和尚「念佛、苦行」的法門而蒙受殊勝法益；最重要的是，老和尚的所作所為不是為了「維生自利」，而是為了成就大眾的法身慧命！

天祥安坐 中橫開通

民國四十九年五月九日通車的中部橫貫公路（簡稱中橫），是臺灣第一條串連東部與西部的公路系統，與北橫公路（民國五十五年五月二十八日通車）、南橫公路（民國六十一年十月三十一日通車）並列為臺灣三大橫貫公路。

民國四十五年六月中旬，廣欽老和尚在家弟子林則彬居士以臺灣省公路局總工程師兼橫貫公路工程總處總處長雙重身分，與時任行政院退除役官兵就業輔導委員會主任委員的蔣經國先生，率隊自谷關入山，由西向東，對預定的主線作最後一次的勘測。該年七月七日開工，由臺灣省公路局成立的「橫貫公路工程總處」負責開路、規畫、建造、鋪路等工程事宜，由美國提供主要經費及工程規畫，而由退輔會及榮民擔任開發主力。中橫主線全長一百九十二公里多（即省道臺八線），費時三年九個月十八天完工。

廣欽老和尚之所以會在花蓮天祥「安坐」，與林則彬居士的「求救」有關！

根據林居士的回憶，當年開鑿中橫公路的工程艱鉅無比，尤其是天祥那一段（這邊造好、那邊塌，工程毫無進展）！於是他就到土城承天禪寺「請救兵」，請示老和尚解決之道；老和尚慈悲，應允親自到現場看看。

到了天祥，即在山崖上搭一座草寮，每天在那裡打坐。老和尚告訴他：「天祥這地方聚集了很多的冤魂，都是數十年前，當地高山族自組義勇隊，以奮力抵抗日軍入侵；然因眾寡懸殊，慘遭大屠殺的孤魂遂盤據於此！」經過老和尚三個月的超度，工程終於能夠順利進行。最終，在一萬多名退伍榮民弟兄們不畏艱險地形的挑戰，賣命擔起高風險工事的努力下，中橫比預定的日期提早半年完工。由於通車典禮是在民國四十九年五月舉行，據此推測老和尚「天祥安坐」一事，應發生在該年之前。

而在天祥「掛單」期間，廣欽老和尚又再度顯現他未卜先知的感應能力。有一天，颱風來襲，大家都為在懸崖上用功的老和尚提心吊膽；當時已成為公路局局長的林則彬居士，派人去請老和尚下來躲避風雨，怎奈遍尋不著其蹤影！後來才獲悉，早在起風前一天，老和尚已經回到承天禪寺了。

中橫公路通車後，仍擔任退輔會主委的蔣經國先生，倡議在天祥興建寺院，藉以安撫因工程意外及天災而殉難的兩百一十二位犧牲者之亡靈（另有七百〇二人受傷）。經公路局局長林居士及花蓮仕紳的熱心奔走，於民國五十一年十二月二十二日，動土營建祥德寺。

民國五十四年，公路局為感念廣欽老和尚慈悲襄助工程順利進行與助建祥德寺，於其搭寮禪坐處建八角形天峰塔（七級）以為紀念，並植梅三千株美化景觀。民國五十七年（西元一九六八年），祥德寺大雄寶殿與天峰塔相繼落成。民國八十二年（西元一九九三年）十月，公路局特於天峰塔旁刻石立碑，委請書法名家施孟宏以正楷書寫，刻於墨綠色大理石上，並塗以金漆，以補誌此段史實。其內容如下：

臺灣光復，政府為貫通本省東西交通，闢建中部橫貫公路。動員逾萬，越高山、鑿峻嶺，堅忍卓絕、克服萬難；獨以天祥地段險巇，工事進展屢遭崩圮。

幸賴高僧廣欽和尚宏願協助，結廬山顛、駐錫幽巖，佛力感召、終克於成，並助建祥德寺。誌茲功德，植梅三千株，壯此景觀，連結太魯閣峽谷，使天祥成為風景特區。斯時，為感念佛光，於結廬禪坐處，建天峰塔紀念。於茲三十三載，蔚為國際觀光重點。尤以每值寒冬，梅花萬點，凌寒傲雪、漫山鋪錦，更足以暢勝遊。爰特補誌刻石。

南行遊化　隨緣開示

民國五十年農曆十月二十六日（國曆十二月三日），廣欽老和尚七秩壽誕，當天雖然天氣不佳、山路難行，但阻擋不了上山到承天禪寺向老和尚拜壽的人潮，來來去去約近千人。包括樹林海明寺住持悟明法師（西元一九一〇至二〇一一年）、年高德劭的屈映光老居士、公路局長林則彬居士伉儷、臺北松山寺護法劉國香居士（筆名圓香），以及老和尚在家弟子游松齡、林瑞玉居士等緇素二眾，更有《自立晚報》的記者專程冒雨上山採訪老和尚出家始末。

而從《廣公紀念堂巡禮》（頁四十五至四十九）所收錄的照片，可看到該年來自中國佛教會理事長白聖長老（西元一九〇四至一九八九年）、松山寺住持道安法師、臺北市佛教支會理事長心源法師、第一屆立法院長倪文亞、第五屆立法院長黃國書、第四屆臺北縣長謝文程、北平故宮博物院創建人之一李煜瀛（字石曾）與前述林則彬局長等教內外人士的祝壽賀詞。

翌年，老和尚七十一歲壽誕，則有來自悟明法師、賢頓法師、照霞法師、少將副軍長盧禹鼎、總統府參事吳瀚濤、中央研究院士暨臺大政治系教授胡佛，以及畫家余承堯等的賀壽詞。由此可見，老和尚的影響力，當時已廣及教界、政界、文化界、教育界與軍界！

悟明法師曾在民國五十年十二月十五日（農曆十一月八日）應廣老之邀，至承天禪寺為「佛七」圓滿開示，也因此目睹了令他歎為觀止的盛況：當天遠從各地雲集該寺的眾多信眾，與多達二十幾席上堂大齋，為那個年代罕見之盛大莊嚴場面！當時的承天禪寺不僅位處偏遠山區且山路崎嶇難行，卻能感召此等「奇觀」，當與老和尚的「道德行持」受到廣大信眾的崇仰有關。

該年底，老和尚的南部遊化之旅，再次體現了一位高僧的人格感化力量！民國五十年，廣欽老和尚於壽誕過後不久，應中南部信眾之請，於國曆十二月二十二日展開為期十九天的南遊應供之旅，隨行人員有承天寺監院照霞法師、副寺法振法師、知客傳寶法師、隨喜蓮舟法師（〈廣欽老禪師遊化記〉作者）與侍者陳傳萬居士等五位。第一天上午，在臺北火車站，身披黃袍的老和尚與同行者在多位在家居士的恭送下，搭乘九點鐘開往臺中的觀光號特快車；中午順利抵達臺中，隨即驅車前往南投縣中寮鄉仙峰村的仙峰寺。

群山環抱的仙峰寺，平素沉靜的氛圍，因著廣欽老和尚等的到訪而頓時熱鬧起來！第一天晚上，即有附近的學生與村民慕名前來請法；第二天晚上，更有遠從高雄、嘉義、彰化與竹山等外地的善男信女如潮湧而來（有些外縣市來的信眾還自備寢具），殷切地向老和尚頂禮、叩問，請求開示佛法。

第三天國曆十二月二十四日，正值彌陀聖誕（農曆十一月十七日），寺裡舉行法會，再度掀起一波人潮；南投佛教蓮社住持廣明老法師，也率領百餘位二眾弟子隨喜參加。法會圓滿後，居士們恭請法師講說佛法：廣明老法師開示〈學佛應注意品德〉、照霞法師演講〈皈依三寶的真諦〉、法振與傳寶兩位法師講解〈素食放生〉的意涵與佛法大意。法會期間，總計有一百四十五人皈依。

掛單仙峰寺期間，老和尚依舊習慣夜宿於大樹下，雙腿一盤、寂然入定！

十二月二十五日，天清氣朗、風和日麗，廣欽老和尚等在仙峰寺監院傳持法師的安排下，暢遊日月潭。先是在德化社接受「毛王爺」毛信孝（邵族人，其兩位女兒皆已皈依三寶，許多族人皆學佛、念佛）的款待，繼而參訪供奉玄奘大師頂骨舍利的玄光寺。午齋後，旋由日月潭回到南投市，轉往横山的蓮光寺（南投佛教蓮社），受到住持廣明老法師與寺眾們的盛情接待，於該寺掛單一宿。

隔天（二十六日）早齋後，老和尚一行人即搭乘客運至彰化參禮大佛，再從彰化北上到臺中。在臺中參觀了菩提樹雜誌社，並受到朱斐居士伉儷的招待；接著臨時改變行程，隨緣就近造訪東橋里的般若寺（住持傳鼎法師為老和尚徒弟）。老和尚與隨行眾的突然造訪，適逢該寺住持外出，遂由監院慧真法師竭誠接待、善盡地主之誼！

二十七日上午，在仙峰寺監院傳持法師的陪伴下，廣欽老和尚等人由南投乘車到彰化，再搭乘柴油對號快車前往高雄，大約在當天下午一點半鐘抵達，月臺上已有多位在家居士正恭候老和尚蒞臨。

熱情的高雄在家弟子們，用心為老和尚規畫了五天的遊化行程：第一天（十二月二十七日），午齋後，坐車遊賞大貝湖、高雄工業給水廠；晚上，回程順路感受市區五光十色的夜景，止宿於陳莊素鶯居士家。第二天，上午參禮龍泉寺、永慶寺與興隆寺等道場，暢遊左營春秋閣；中午，應易松齡居士供齋後，參訪宏法寺及屏東首剎東山寺。第三天，應蔡信居士午齋供養，晚上受邀於高雄佛教堂演講。第四天中午，受黃才樹老居士齋供，午後遊覽壽山公園及乘坐木船環遊高雄海港。第五天，由高雄直抵大崗山，參禮各寺庵。

回顧廣欽老和尚此次的高雄之行，除參訪上述道場外，還與下列方內外人士晤面：龍泉寺住持隆道法師、元慶寺住持永繁法師、東山寺住持圓融法師、東山寺佛學導師方倫居士、宏法寺住持開證法師、高雄佛教堂陳明居士等、大崗山龍湖庵住持開會法師（另有監院圓實法師、知客圓智法師）、蓮峰寺開善尼師與超峰寺開照老和尚（時年七十四歲，閉關中；廣欽老和尚與隨行人員入關禮敬、請益）等。

彼等跡履大崗山時，還隨機造訪興隆寺（女眾清修念佛道場）、隆峰禪寺（正在興建中），蓮華、報恩與普同等三塔（龍湖庵附近），斌宗法師（清宣統三年至民國四十七年，西元一九一一至一九五八年；為日本殖民時期曾至內地參學的臺疆法將）在龍湖庵（右首山谷中）潛修的小石洞，懺雲法師潛修的龍岩茅蓬，以及在家女眾共修道場福善堂等。

而除了預先安排的高雄佛教堂演講（十二月二十九日），廣欽老和尚等亦隨緣應請開示。十二月二十八日於屏東東山寺，向參加佛七的信眾宣講淨土要義。十二月三十一日於龍湖庵，老和尚在座無虛席的講堂，向包括八十一歲住持開會法師在內的合寺師眾，講述「戒定慧三無漏學」的重要；並以自身為例，勉勵大家甘於淡泊、念佛為要！

民國五十一年元旦，上午八時十五分，廣欽老和尚等一行人謝別龍湖庵住眾，驅車前往位於大崗山東麓、約十五分鐘車程的慧峰法師（時年六十四歲）關房法華精舍。慧峰法師為臺南湛然精舍的住持，當時正掩關潛修中；老和尚等人由護關法師接見，並在如法開啟的關房前小門，一睹雙目垂視的淨土關主！因不便打擾關主用功，老和尚等於該精舍短暫停留後，即頂禮告退，朝下一個行程警悟禪寺而去。

參觀完興建中的警悟禪寺後，一車人取道疾駛無阻的縱貫公路，於近十一時前，抵達臺南首剎開元寺。據《覺生》雜誌報導，老和尚此行在高雄一地又接引了一百二十多人皈依三寶，其中不乏原信奉其他友教的信眾。

開元寺前身為明鄭永曆三十四年（西元一六八〇年），延平王鄭經為奉養其母而建的「北園別館」（即別宮）；康熙二十九年（西元一六九〇年），成為臺灣第一座官建佛寺。於開元寺，廣欽老和尚們由敬慧、會理兩位法師陪同參觀全寺古蹟。於該寺午齋後，稍事休息，即在該寺附設佛學書院同學們的禮送下，揮別這座將近三百年的古剎。

接著，在老和尚的帶領下，一行人巡禮了赤崁古樓、延平郡王祠等名勝古蹟，並參訪名剎竹溪禪寺與法華寺。之後，搭直達嘉義的公路局快車，於下午三時四十分到達嘉義，並立即轉往民生路的義德念佛堂（掛單處）。當晚，老和尚在灣橋（竹崎鄉內）及附近各地的皈依弟子，欣聞老和尚蒞臨，無不歡喜踴躍、前來禮拜問訊，原本義德佛堂的靜謐氛圍也為之「雀躍」起來！

翌日（元月二日）上午，在傳持法師陪同下，廣欽老和尚一行人以轎車代步，陸續參訪了大仙寺、碧雲寺兩座名剎，並遊覽關子嶺等名勝；約十一時多，於嘉義市雲山天龍寺稍作停留後，即轉往彌陀寺。彌陀寺午齋後，住持如平老法師引領老和尚等人參觀全寺。晚上八時，老和尚在義德佛堂為在座的居士們開示了四十多分鐘，強調「學佛人，先要學做人；有圓滿的人格，才有可能成就佛道」，而圓滿的人格來自恆持五戒十善。老和尚以生動活潑、簡潔扼要的閩南語說法，全場百餘位聽眾莫不凝神傾聽、法喜充滿！

元月三日，廣欽老和尚等應請於嘉義普濟寺午齋，並利用午齋前之餘暇，參訪梅山禪林寺，受到該寺住持開慧尼師的禮遇。於普濟寺午齋後，信眾雲集、多人皈依老和尚，並請隨行三位法師開示淨土要津。離開普濟寺後，老和尚等復乘車至灣橋榮譽新村（眷村），受到魯祥老居士及在家弟子多人合掌恭迎；當天有二十多人皈依，照霞法師並應請講解「三皈五戒」的要義。當晚，老和尚等人返回義德佛堂。

隔天（元月四日），由林鐘、謝潤德二位居士陪同，廣欽老和尚等參觀吳鳳廟並參訪朴子鎮的圓光寺、靜修精舍、高明寺等。晚上七時三十分，應嘉義市佛教會之請，舉行弘法講座。講座依次由照霞法師闡述「佛學與學佛」之異同、傳寶法師開講「佛教徒應深信因果報應」，繼而法振法師以「唯有佛教才能挽救社會不良的風氣」為題，發表慷慨激昂的演講。

三位隨行法師輪番上陣後，緊接著的壓軸好戲，就是由老和尚主持的佛學問答。有二十多位男女居士踴躍提問，老和尚皆逐一從容回應；聽眾每因老和尚的妙語如珠，不時面露會心一笑！圓滿了賓主盡歡的講座，時間已來到十點多鐘。一行人甫回到義德佛堂，就有十餘位求法心切的居士亦隨後跟來，懇請老和尚開示禪理及念佛門徑；彼等直待到深夜一時多，方辭謝而歸。

元月五日上午，廣欽老和尚臨時應請，至關子嶺附近山上的廣照佛堂「普照」（老和尚在家弟子新建的一座家人共修佛堂）。中午返回嘉義市，接受林鐘居士等信眾的禮拜供養；隨後應張嘉南居士之請，至其瑞榮木廠向十多位前來請法的居士開示。下午二時四十分，在謝潤德、林鐘等居士恭送下，老和尚與隨行眾們搭乘公路局直達快車，安返南投仙峰寺；原本預定當天返回臺北，惟仙峰寺監院傳持法師盛情禮請老和尚留寺安養。在該寺住了四天後，老和尚等一行人在寺眾執禮恭送下，乘車至臺中，轉搭公路局金馬號快車北返，為此趟南行遊化之旅畫下句點！

綜觀此趟遊化行程，廣欽老和尚所到之處，都受到佛門弟子高度的崇仰；儘管如此，老和尚卻始終不忘出家人的本分，潔身自愛、守護一己的僧格，從隨行蓮舟法師所撰〈廣欽老禪師遊化記〉可窺見一斑。該文提及，民國五十年十二月二十八日，佛堂早課後，老和尚慈悲開示：

這次我應信徒之請，來到中南部，你們幾個人雖然隨我而來，不要當作遊覽想；要知道，我們是出家人，以解脫為要事，哪有閒工夫來玩呢？時時要注意威儀，尤其在遊覽的地方，因耳目眾多要更加注意。切不可隨便多說話，使人討厭，時時以正念（念佛）為先，免得被人輕視，留下不好的印象！

蓮舟法師又記載，十二月二十九日，早齋後，慈悲的老和尚又開示：

你們昨天參訪各寺廟，感想如何？好的我們應向他學習，作為榜樣；不好的，可作為我們改進的參考。將來承天寺的住眾和我的徒弟，不論哪一個，只要依照規矩用功修持、發心辦道的，我都恭敬他、護持他。假使不依照規矩，不肯用功修持、發心辦道的話，就是我的徒弟，亦沒有什麼意思！

民國五十一年元月四日晚，在嘉義佛教會弘法講座之前，老和尚再度叮囑隨行法師：

今晚演講是這次南遊的最後一個場面，你們要嚴整威儀，謹慎小心、不可馬虎。上臺演講，不要緊張；寧可少講，切勿多言（言多必失，反遭人輕蔑）。我年紀大了，倒架子（丟臉、出醜）不要緊，你們年輕人不可不注意，因為你們是有前途的青年，將來還要替佛教做很多的事情哩！

從上述老和尚對年輕法師婆心懇切的提醒語，可知吾等凡夫眼中的「遊化」（身遊），在一個開悟行者身上所展現的，卻是一幅「身處紅塵而心遊法海，化眾為務以暢佛本懷」的風光，時刻以身示教、不失僧格！

苦行念佛 緇素景從

民國五十二年，臺北圓山臨濟護國禪寺舉辦「護國千佛大戒」，出家戒期為農曆二月廿二日至三月廿四日（國曆三月十七日至四月十七日），七十二歲的廣欽老和尚於戒會擔任尊證阿闍黎（證明師）。

於《廣公紀念堂巡禮》一書中，可見農曆三月十八日老和尚於托缽行化途中之珍貴留影（頁一〇三）。該書另一張與該年傳戒有關的照片，為戒會十師（瑞源長老、悟明長老、道安長老、賢頓長老、道源長老、白聖長老、慧三法師、太滄法師、廣欽法師、印海法師）於該寺大雄寶殿前之合影（頁一四三）。

同年，廣欽老和尚應善信之請，再度前往花蓮天祥留止數月，協助建造祥德寺。繼而應居士之邀，轉往臺中一帶弘法，並在臺中清水山上南寮興建廣龍寺；直到民國五十三年，始返回承天禪寺。期間，因老和尚在外遊方數月，遲遲未歸；承天禪寺監院（當家法師，庫房負責人）遂以「三請於師，而師不歸」

為由，將寺中常住積蓄按職務等級分發，讓常住眾各自散去。老和尚回到承天禪寺後，重整寺風，並於年底新建山門及方丈室。

無論是面對新店廣明寺或土城承天禪寺之寺產，先後被「自家人」無理要脅、巧取豪奪，老和尚一律以「忍辱波羅蜜」回應之；不僅未口出惡言，還反過來勸導那些建議「將這些無法無天的壞人繩之以法，接受法律的制裁」的人，他說：「好人要度，壞人也要度。我們應該慚愧，自己德能不足，無法感化他們，不應以瞋恨對瞋恨！」

廣欽老和尚再度坐鎮承天禪寺，以其長年修持、弘化所累積的德望，與令人嘖嘖稱奇的事蹟（夜不倒單、水果為食、料事如神、降伏猛獸、入深禪定、度化亡魂等），聲名逐漸遠播！緇素二眾、各界人士，上山請法、皈依者不絕於途；而求請依止其門下剃度出家者，亦日有所增。

曾經有人問：「我來出家好嗎？」老和尚回答：

出家是各人自己的發願，而非他人所迫！在未出家前，應先問自己：「為何要出家？」師父為你舉行剃度儀式，你跪在佛前，你也因此改頭換面。在拜佛、拜師後，你從起身站立的那一刻，直到你肉身躺下、呼吸停止，在這漫長的時段中，你應當清楚該怎麼做！

老和尚的說法，正呼應了德國哲學家尼采（西元一八四四至一九〇〇年）名言：「參透『為何』，才能迎接『任何』！」（He who has a "why" to live for can bear almost any "how".）唯有參透「出家」的真實義者，才能迎接在「成佛之道」途中的各種魔考，而恆不忘失「上求下化」的菩提心、大願行！

緣於老和尚本身是從「苦行」入門受益，由「念佛法門」證得三昧，以「戒律」嚴身，而以「安忍」為修行第一道工夫；因此，跟隨老和尚出家的及門弟子（「傳」字輩），皆能秉承其「苦行」、「念佛」、「持戒」與「安忍」之身教與言教，勤修戒定慧、息滅貪瞋癡，一以「出離六道、往生彌陀淨土」為終極目標。

民國五十四年秋天，一位預備出家的退伍軍人柳子奇，經性梵法師介紹，在法振法師和劉國香居士陪同下，來到了承天禪寺。透過當家傳忠師的引導與協助，柳居士拜見了老和尚，並獲其首肯可以到承天禪寺圓頂、常住。這位出家軍人，就是二十多年後成為承天禪寺第二任住持的傳悔法師。

承天禪寺新出家者，不論其在俗之身分、地位與學歷，一律從出外坡、雜役做起；常住眾每人皆領有職事，一邊發心為常住做事、一邊內心念佛不輟，外動內靜（淨）、福慧雙修，形成該寺特有之道風。而此「苦行」、「念佛」並行的法益，不僅可以透過與眾人合作共事的過程，磨一己之耐性、斷一己之煩惱習氣，培養無我利他的精神，還有助身體因適度勞動而更趨健康！

表面上看，承天禪寺住眾似乎只注重做事、念佛，既不講經說法，又極少向外大事宣揚舉辦活動；實際上，是該寺住眾服膺老和尚的教誨：「弘法、度眾生是在自心中度，不是口頭言語上度。須先除去自己的習氣、無明煩惱，再以自己的德行來感化他人；但住一處，即可隨緣度眾生。」

承天禪寺出家眾以身作則，感化了常來寺共修的信眾，亦隨喜發心參與寺裡的各種勞務；一山緇素二眾，皆追隨老和尚的足跡，在修行正道上，朝解脫之淨土邁進。承天禪寺楹聯即明白楬櫫該寺之宗風，偈曰：

承教做事念佛，開發自心福慧；
天然三學圓滿，隨處感化含靈。

廣結法緣　善護僧寶

「滴水之恩，湧泉以報」，儘管廣欽老和尚名氣日增，但不改其知恩圖報之情懷；而其護持、提拔後進僧寶，不囿於門戶之見的開闊心胸，更是「一路走來，始終如一」。

前文提及，民國五十年底，悟明法師應廣欽老和尚之邀，至承天禪寺為圓滿佛七的信眾開示。不久後，法師住持的樹林海明寺啟建「彌陀佛七」（一般是以七天為期的「專精念佛」的共修活動）。佛七期間，某天上午十時多，老和尚領著傳寶、心澂、照霞三位法師與隨行的六位居士，翩然蒞臨該寺隨喜「打七」並為信眾開示，直至下午三時才離去。

揣想老和尚此趟「不請自來」廣結法緣之行，乃為回報先前悟明法師至承天禪寺法布施之恩。如此「深得佛心」的行誼，自然感召教界眾多僧侶的崇敬！

復次，老和尚秉持「唯德是用」原則，提攜後進僧寶；他打破門戶之見，即使非其剃度僧侶，用功辦道者亦可常住承天禪寺，甚至委以重任。以承天禪寺早期之監院照霞法師、副寺法振法師為例，前者來自臺北十普寺，後者於新竹福嚴精舍出家，兩位皆因老和尚「慧眼識英雄」，而肩負承天禪寺重要職事。

多年後，一位預備出家的男眾到承天禪寺，以委婉的口吻請示老和尚：「老法師，可否讓我給我師父圓頂後，來這兒住？」「可以的！」老和尚一口答應，有別於其他道場常見的回應：「要住這裡，就在此圓頂！」這位男眾如願在出家後，以「釋悟開」之名安單於承天禪寺。不久，老和尚慈悲地叮囑他：

你儘管安心住下！雖然你不是我剃度的，但只要守這兒規矩，即是我的徒弟。

縱然是我剃度的徒弟，若不守規矩，我也不承認是我的徒弟。我們皆是釋迦牟尼佛的弟子，都姓「釋」，不要有所分別！

老和尚示範了「以戒為師」、「以法為親」的師徒關係；從其平等性智所流露出來的正知正見，亦可導正固守「一家之寺」者的成見。

廣欽老和尚駐錫承天禪寺弘化初期，即歡喜與教界同道廣結佛緣、善護僧寶；而其天真無邪、隨緣自在的風貌，在以下的事例表露無遺——

民國五十三年農曆八月下旬，北投彌陀寺啟建「萬緣法會」；老和尚應該寺住持淨良法師（西元一九二九至二〇二一年）之請，於法會期間駐錫彌陀寺。由於法會人多、寮房少，老和尚於白天時安坐的小房間，到了晚上必須讓出來給隨侍的兩位尼師；老和尚不以為忤，回歸他習以為常的過夜方式，在殿外大樹下，雙腿一盤，安然入定，不倒單去也！

日後，淨良法師回憶當年與老和尚互動的經驗：

在我的感受中，老和尚很隨緣、很親切，沒有空架子、沒有做作；什麼時候去見他、什麼樣的人去拜他，他都一副隨和樣子。有時候，也會說幾句讓人有得參究的機鋒話頭。老和尚的表現，完全是一片純真無邪！你要他怎樣，他就怎樣。在夜間，我怕他受涼，親捧一碗「般若湯」，他就照單全收。由此看出，老和尚平易近人、無甚執著，已到解脫自如的境地。

而令淨良法師既感佩又慚愧的是，每回在夜間屋外樹下陪侍老和尚時，他常被山蚊叮得痛癢難耐，老和尚卻始終泰然自若。深夜陰冷的山風、濃密的雨露，每令他全身寒意刺骨、坐立難安，老和尚卻一味安享禪悅、遊心物外。真是令人歎服的奇僧啊！

【註釋】

註一：屈映光（清光緒九年至民國六十二年，西元一八八三至一九七三年）字文六，法名法賢，浙江臨海人。幼年由長齋奉佛的祖母撫養，秉承其救人濟世之教誨；加上目睹其家族每在災荒歲時布施粥藥給窮人，在在影響其日後熱心參與賑災救濟之工作。

光緒三十三年（西元一九〇七年），二十五歲時畢業於杭州赤城公學，加入革命組織光復會，積極從事革命活動。民國肇建後，歷任浙江民政長、浙江都督與山東省長等要職。

國民政府北伐（民國十五至十七年，西元一九二六至一九二八年）後，暫退出政壇，專志學佛及救災慈善事業。民國十八年（西元一九二九年），受西藏佛教密宗灌頂法，貢噶呼圖克圖（清光緒十九年至民國四十六年，西元一八九三至一九五七年）賜法名法賢。先後皈依諦閑法師、大勇法師、省元法師、持松法師、班禪活佛、諾那活佛、白普仁喇嘛，以及前述貢噶呼圖克圖等；顯密兼修，迭獲授記灌頂，佩金剛阿闍梨（上師）印。以其革命耆宿及政界前輩的身分，多次挺身護持佛教。民國二十三年（西元一九三四年），與佛教界名流居士於上海組織「菩提學會」，以翻譯藏文經典及弘法利生為宗旨，對於漢藏佛教文化交流頗有貢獻。民國二十六年（西元一九三七年）抗日戰爭爆發，在上海發起成立慈善團體聯合救災會，又號召佛門中人組織僧侶救護隊，收容難民、搶救傷兵。民國二十七年（西元一九三八年），擔任國民政府賑濟委員會副委員長，仍以救濟難民為務。

抗日戰爭勝利後，回到上海，再次脫離政壇，專心學佛修行。曾應禪宗巨擘虛雲老和尚之請，募捐以重修廣東乳源縣雲門古寺。

民國三十八年（西元一九四九年），大陸江山易主前夕，自香港轉往臺灣；先後擔任國大代表、總統府國策顧問等職，惟傾心於佛法之弘傳。抵臺不久，即客居桃園大溪的齋明寺後苑，如饑似渴地閱讀該寺珍貴的佛典藏經。同時，應佛門弟子請求，在該寺開設密宗講壇、講經弘法，吸引來自國內外信眾慕名齊聚齋明寺聞法。

民國四十五年，與趙恆惕等發起組織「修訂中華大藏經會」（蔡運辰擔任總編纂，後著《二十五種藏經目錄對照考釋》），擬定修編四大法類（選藏、續藏、譯藏與總目錄），並著手蒐集各種版本、籌募經費。先從整合歷代中外藏經目錄開始，然後加以比對校訂，編撰了《三十一種藏經目錄對照表解》。可惜最終因人力、財力不濟，難竟全功，僅就各種版本重行編纂、影印行世：《磧砂藏》及《宋藏遺珍》為第一輯，全部影印。《嘉興正續藏》為第二輯，去其已見於前輯者。《卍字正續藏》為第三輯，去其已見於前二輯者。其他各藏為第四輯，去其已見於前三輯者。共印出三千九百餘部，實集中、日、韓三國藏經之全。

民國四十六年，於新店廣照寺與廣欽老和尚結緣，尊崇廣老始終如一。民國六十二年（西元一九七三年）去世，享耆壽九十一歲。著有《金剛經詮釋》、《心經詮釋》、《無量壽經詮釋》等多部佛教論著。

第七章　承天禪寺弘化中期

（民國五十五至六十四年）

度眾生沒有那麼簡單，須有佛緣及佛報（人見生歡喜心、恭敬心）！自己修到有功夫、福慧具足時，自然護法菩薩會擁護；不然想要度人，人卻不讓你度。

民國五十六年（西元一九六七年）九月十日上午，《中國佛教》月刊編輯明性法師，懷抱著「仰止奇僧」的心情，專程上山拜謁廣欽老和尚，想探究其之所以具備「降伏猛虎」、「不食人間煙火」與「不倒單」等「特異功能」的原因。

禪淨相彰　應機點化

抵達承天禪寺，在同戒傳圓師的引領下，明性法師很順利地蒙老和尚接見。他日後為文，描述當時的情境：「我進入方丈寮向他頂禮，他忙著向我回拜，我覺得實在不敢當。」老和尚真是一位當代的「常不輕菩薩」啊！

行禮如儀後，老和尚請明性法師坐下來吃葡萄，並由傳喜尼師擔任翻譯。於是，兩位比丘僧就展開了一連串的交互問答——

明性：「不倒單是禪定的功夫嗎？」

老和尚：「不一定！凡是行、住、坐、臥，一切日常的生活皆可以表現禪定功夫。」

明性：「若斷除瞋恨的行者，聽說老虎便不會吃他，是嗎？」

老和尚：「是的。」

明性：「『觀自在』可否假以深入禪定？」

老和尚：「可以，但各人方便所修不同。」

明性：「何謂『念佛』？」

老和尚：「自己就是佛！風鳴樹梢、鳥鳴枝頭，皆是念佛。」

明性：「何謂『應無所住』？」

聞言，老和尚默然以對，只見他兀自起身離開了禪座，朝桌邊走去，拿起桌上盤內的一顆葡萄，將它放在桌上，答道：「這便是『應無所住』，你會意嗎？速道來！」

老和尚突發的考問，當下令明性法師啞然語塞。在略作一番思維後，他試著以比量智回答：「如嬰兒觀佛殿。」

老和尚：「對啦、對啦！但你是用分別而知的啊！」稍後接著說：「有些人來時，準備了許多問題來問我，我卻毫不作準備地隨口答覆來者。」

明性：「這才是無分別的智慧哩！」

最後，老和尚開示「無言般若」：

上智者來參，不以言談。譬如我在福州山中精修禪定，有一行者來參。見我坐，他也坐；見我行，他也行；乃至我做什麼，他也做什麼。翌日，他向我告辭：我對他笑，他也對我笑，隨即背起他的行腳架飄然而去，這才堪稱為參禪。我現在以言語來表達禪理，促進心靈相互交流，使其智慧增長，較那些不來問者究竟好得多了。

領教了老和尚從自性流露的應機妙答，明性法師對面前這位「奇僧」更是由衷地臣服景仰！而老和尚即席回答明性法師：「行也禪，坐也禪，語默動靜體安然」、「自觀自在」的「禪定說」，與「自己就是佛」、「『眾聲』皆是念佛」的「念佛說」，反映其平日「禪淨相彰」的修行證量。

其次，老和尚也證實了「與老虎和平相處」的祕訣，便在於「徹底斷除瞋恨的習氣」，就可發揮「慈悲無障礙，法力不思議」的護生德能！而其就地取材，假「放一顆葡萄於桌上」，示教「應無所住」之現量公案，從而施展禪師「妙高山頂絕思量」的本地風光，反詰對方「速道來」；利根之人，或許可因此機緣得臻「桶底脫落」徹悟之境。臨濟剛勁峻峭的宗風，於焉表露無遺！

最後，從老和尚從「宗門」的銳利機鋒回歸到「教下」的說法無礙。他樂於以「有言之說」（「指月」之指）為方便法，引導有緣人領悟「無言之智」（實相般若），可讓人感受到老和尚苦心孤詣的度生情懷！

當天傍晚，清源山風歇人靜，明性法師正坐在一張籐椅上乘涼時，老和尚不期然地出現。恭敬地讓坐後，明性法師把握機會，再請教老和尚「何謂『空』？」老和尚不假思索，以一己為例說明：

「空」即是「有」！譬如，我無心建築承天寺，亦不去化緣，只講修行；因為化也化不來，皆有煩惱，不如靜坐山中茅蓬安貧守道；久而久之，自然會有人來建寺。瞧！這不是一座莊嚴的寺院嗎？

老和尚並慈悲開示眼前這位後生晚輩，今後應力行「懺悔、發願、持戒、心寬、吃苦」等五大修行的指南，護僧之情溢於言表！

第二天清晨早課後，連日有幸承蒙老和尚兩次個別指導的明性法師，滿腔法喜地沿著來時路欣然踏上歸途。幾天後，《中國佛教》第十二卷第二期，刊載了他所撰寫的〈廣欽老和尚訪問記〉，該文詳實地記錄了他這次上山「挖寶」

的經過；不但讓讀者了解老和尚的高僧行止，亦令人生起親近與參謁之心。

越南籍的華裔僧人妙華法師因為閱讀了〈廣欽老和尚訪問記〉，特別在他遊化菲律賓後、返程留止臺北圓山臨濟禪寺時，邀請明性法師於民國五十六年十月十五日，連袂前往承天禪寺參訪老和尚。當天下午，兩位法師在監院傳圓師的引領下，拜謁了老和尚；由於言語相通，老和尚親切地與妙華法師相談甚歡、十分投緣。妙華法師對老和尚的禪行功深，也因這次的親炙受教而益發欽仰不已！

臨別之際，兩位法師敬謹地接受老和尚賜贈的禪坐法相照後，旋即歡喜作禮而去。回程中，兩人還興致勃勃地討論：「為何老和尚方丈寮的壁欄內，高懸著瑞今法師（西元一九〇五至二〇〇五年，曾任菲律賓信願寺、法藏寺住持）的法像照？」

得到的結論是：依據臨濟宗法脈傳承的字號排序「雲蒼清修、我若輝慧、如景覺非、悉茂端有、佛喜轉『**瑞**』、『**廣**』傳道法、普化無為」，瑞今法師的「瑞」字輩，先於「廣」字輩；廣老為尊崇長老，故於其方丈寮懸掛瑞今法師的法像，傳承佛門尊師重道的古風！

此外，雖然〈廣欽老和尚訪問記〉道出了老和尚之所以「能與老虎安然共處」的原因，仍抵擋不了好奇的民眾為「虎事」而上山一探究竟。

大概在民國六十二年的四、五月間，兩位土城鄉沛坡村的年輕人，相約每日晨跑健身；清晨五點鐘左右，自住家出發，慢跑運動到石壁寮一帶，再沿著現今南天母登山步道直達清源山頂。那段期間，他們在承天禪寺經常目睹老和尚禪坐身旁，疑似總有一「石雕動物」靜靜地蹲坐在老和尚左右。

某一次，他們特意製造機會就近觀察，發現那竟然是一頭「真的老虎」；更不可思議的是，牠頭頂居然有受戒的戒疤！兩位年輕人驚訝於老和尚身邊的「石雕動物」是活生生的老虎後，便不敢輕易靠近；只是，若有機會遠遠瞧見「虎兄」時，總忍不住多看幾眼！

另一樁「為虎上山」的軼事，則是發生在民國六十四年（西元一九七五年）

春天。與國學大師南懷瑾先生亦師亦友的劉雨虹女史，偕同留美學人陶蕾、詩人周夢蝶和名翻譯家徐進夫等，一行四人同遊承天禪寺；偕遊原因之一便是，他們都對伏虎師不可思議的「特異功能」，懷抱著高度的好奇！

抵達承天禪寺時，由於當天遊人不多，四人很快就由知客師安排謁見老和尚；向老和尚行禮致意後，四人分坐兩邊。劉雨虹女史開門見山便問老和尚：「師父！聽說你在福建山中修行時，曾經占了老虎的洞穴，不知是不是真的？」

老和尚笑著回答：「對呀、對呀，是真的啊！」

「老虎回來時，您怕不怕啊？」

「沒有什麼怕的呀！那隻老虎看著我，我看著牠，我就繼續打我的坐。」

「您不怕牠來吃掉您嗎？」

老和尚輕鬆地回應：「我心中想，如果上輩子欠牠一條命，就讓牠吃掉好了，也算是還了債；如果不欠牠命，牠也不會吃我。所以，心中很坦然、沒有害怕！」

親耳聽聞老和尚如實描述他當年與虎兄邂逅時的情境，不僅滿足了四位「同參道友」的好奇心，更讓他們在下山歸程上，對當年和尚面對猛虎時居然毫不懼怕、一心以道為念的風骨，一路讚歎！

實際上，劉女史早在民國五十四年，就曾應鄰居湯之屏教授的邀請出遊承天禪寺，同行的還有一位李杏邨教授；彼等該次參訪的緣起，同樣也是為神奇的「虎事」而思上山打聽個究竟。可惜，因當天承天禪寺有法會，廣欽老和尚被許多信眾圍繞著談話，他們幾個人沒有機會多說話，只好無功而返！十年後，劉女史終於一償夙願，得以親口叩問老和尚，從而解除她多年來存在心中有關「虎事」的疑問。

順帶一提，當年湯、李兩位教授已經由周宣德居士引介，先後親近過老和尚，並分別得到有關他們生涯發展方向的指點。由於老和尚料事如神，其所建言逐一應驗；令他們兩位於信服之餘，也對三寶生起崇仰之心！

尊宿贈詩　部長請益

劉雨虹女史於《禪門內外——南懷瑾先生側記》一書中提及，民國五十六年春天，致力於宣揚中國文化的南懷瑾老師（西元一九一八至二〇一二年）也曾到訪承天禪寺，並與廣欽老和尚會面。老和尚後來曾致意南老師，期許他出家為僧、弘揚佛法；為此，南老師寫了一首詩〈游承天寺答廣欽老和尚勸出家話〉作為答覆：

昨從歌舞場中過，今向林泉僧寺行；
欲界禪天原不異，青山紅粉總無情。
時難辜負緇衣約，世變頻催白髮生；
拄杖橫挑風月去，由來出入一身輕。

詩中，南老師透露了他對出家修行一事的見地：歌榭與林泉、青山與紅粉，都只是表象的差異，其本質則是一如。身處時難世變的他，選擇以禪者解脫自在的心境，瀟灑地「拄杖橫挑風月去」，出入紅塵道場而不為境緣所染。

「出家乃大丈夫之事，非將相之所能為」，老和尚之所以勸南老師出家，可能也是慧眼識英雄，看出南老師是一位上根利智之士；然而，「鐘鼎山林」各有天性，料想老和尚接到詩作，也只能尊重南老師的選擇——以在家身分行道濟世。

日後（民國七十三年，西元一九八四年），南老師講授《楞嚴經》時，曾提及他早年曾爬山到日月洞，請教當時在該洞住茅蓬的老和尚有關「入深禪定」的經驗；雖然老和尚滿口閩南話，他還是聽懂老和尚回溯在清源山入甚深禪定、差一點被放火「遷化」、幸賴弘一大師出面「解危」的經過，並以此例強調：真正修道打坐，要找同參道友（師父、善知識、老師等）做護法；其次，該護法的同修道侶，他的見地功夫要比你「高一點」才能給你護法，才曉得你到了什麼境界、該如何辦。

前述老和尚的影響力，在承天禪寺弘化初期已廣及教界、政界、文化界、教育界與軍界；而在此階段（承天禪寺弘化中期），老和尚與政界結法緣的對象，最受矚目的當屬時任國防部長，爾後接連升任為行政院副院長、院長與總統的蔣經國先生。

民國五十七年，時任國防部長的經國先生，知道好友林則彬居士皈依了廣欽老和尚；該年三月的某一天，特地和林居士徒步上山參禮老和尚並請益，且於舊山門入口處留影（《廣公紀念堂巡禮》頁八十八，收錄該照片）。當時，承天禪寺尚未改建，只有幾椽茅屋，佛堂也是木造的。蔣部長對老和尚很恭敬；閒談中，老和尚告訴他說：

一切的力量都是從「定」中產生出來的，但只有在「靜」中才能生「定」。一個人在安定的地方，能夠定下來，還不算是「定」；要在煩惱的時候，能夠定下來，才算是「定」。

蔣部長非常認同老和尚的觀點，日後還曾特別以此說訓勉國軍幹部。當天下山時，蔣部長告訴林居士：「這個和尚了不得！」後來，廣欽老和尚也跟林居士說：「蔣某人要慢慢升起來了！」民國五十九年（西元一九七〇年）四月，蔣經國先生以行政院副院長身分，應美國國務卿羅吉斯之邀訪美（為其第五次赴美），在華府與美國總統尼克森等政要會談。赴美訪問前夕，蔣副院長接獲情資：「有人將在美國對其不利。」遂於臨行前，驅車前往承天禪寺拜見老和尚；老和尚寬慰他：「此行有驚無險，不必擔心。」

美國時間四月二十四日中午時分，經國先生在登上紐約廣場飯店石階，走向旋轉門入口時，遭混入人群的臺獨分子留學生黃文雄開槍企圖刺殺，所幸毫髮無傷！

據說，之後經國先生曾詢問老和尚：「應該將反攻復國的基金用在何處？」老和尚答道：「建設臺灣。」簡單明瞭卻又鏗鏘有力的四個字，被信眾認為「這番對話是種下十大建設的因緣」。

「十大建設」是經國先生於民國六十三年擔任行政院長時，為了改善臺灣的基礎設施及產業升級，所提出的一系列重大基礎建設工程：有六項是交通運輸建設（桃園國際機場、國道一號、鐵路電氣化、蘇澳港、北迴鐵路、臺中港）、三項是重工業建設（中鋼公司、臺灣造船公司、臺灣中油公司），一項為能源項目建設（核能發電廠）。這些建設帶領臺灣走出能源危機，加速了當時的經濟及社會的發展，並對促成「臺灣經濟奇蹟」產生一定的貢獻。

當年老和尚「建設臺灣」的一句話，反映其福國利民之高瞻遠矚；而經國先生欣然接受該建言，則顯示他對老和尚意見的重視！

關於老和尚與經國先生的因緣，參見林則彬居士口述、陳綺玲記錄，〈神遊故國．歷八千里路山河〉（刊載於民國八十年八月廿五日《慧炬》雜誌第三二六、三二七期合刊）。後續，傳顗法師倡印的《先師廣欽老和尚百歲誕辰紀念集．廣欽老和尚的故事》，為該文之節錄。

文中，林居士提及，民國四十五年七月開工的中部橫貫公路，工程進行到天祥路段時，「因『冤魂作障』，而屢建屢塌；幸虧廣欽老和尚在該地山崖搭一草寮打坐，經過三個月的超度，工程始得以順利進行」之過程。其次，也提及了民國五十七年他陪同蔣經國國防部長謁見老和尚的因緣；以及經國先生在當選總統（民國六十七年五月）後，還常向他問起老和尚的生活情況等往事。

又，林居士曾在我國與美國斷交（民國六十八年，西元一九七九年）前後，因時局艱困、社會人心惶惶而去請示老和尚；老和尚說：「沒關係，臺灣會愈來愈好！」他把這些話轉告總統，後者聽了很高興。

文末，林居士還憶及：「有一次，我和總統見面。我對他說，老師父說臺灣的生活太富裕了，天天雞鴨魚肉！要曉得，各種動物都有生命，被殺時很痛苦、會生怨氣；小怨氣積多了，就成了大怨氣，小則成災、大則成劫，所以應當避免殺生。」

當時的臺北市長李登輝先生也在場，林居士特別勸勉李市長要嚴格執行「每月禁屠兩天」的慣例（早年，臺灣傳統市場在農曆每月初三、十七兩天禁止屠殺牲畜），借題發揮老和尚開示的佛家慈悲護生理念！

建廣承岩　示教利喜

一向對於建寺、化緣，無所用心的廣欽老和尚，為何在民國五十八年於土城鄉公所右後方，由傳斌法師負責協助建寺工程，興築一新道場廣承岩？

話說，傳斌法師未出家前，本在南門市場經營雜貨店維生；他原本只打算好好做生意，寄望有朝一日反攻大陸，可以順利回福建老家與母親及弟弟們團聚。當時，南門市場有很多皈依老和尚的福州人；他們看到他單身一人、錢又被倒了，於是鼓勵他去見老和尚指點迷津。他就在一次公休時，來到承天禪寺拜見老和尚；由於兩人都是來自福建，很快就親切地對談起來。

老和尚告訴他，說他不是做生意的命；又說，反攻大陸遙遙無期，他若沒出家，就無法報親恩！靜心思量後，他認同老和尚的看法，並表明一己身無長物，但有一塊農地可以建個道場。老和尚說：「你既然有地方，你就可以建道場修行。」但前提是，他必須出家才名正言順——具足僧寶的身分，才有資格住持正法城。於是，時年五十歲的他，披剃於老和尚座下，並隨即接任廣承岩住持。

從此事例中，可以看出老和尚公事公辦、不將佛法作人情，建寺安僧一概依佛制戒律而行！

在此弘化時期，上山到承天禪寺向老和尚請益的信眾，遍及海內外的出家眾與善信男女。民國六十二年，一位澳籍比丘森義法師在臺灣某法師的陪同下，拜見老和尚。

森義法師：「師父從哪裡來？」

老和尚答：「從無所住來。」

法師聽了很歡喜，說：「這是見性的話！」

老和尚問：「你今天來，是你來還是誰來？」

法師：「是我來。」

老和尚說道：

還有一個「我來」，就不對。有一個色相來去，還是有生有滅，皆是幻化。本性無來無去、不生不滅、無我無你。講話沒有準備、不想，一問馬上能答，就沒有來去；我們講話經過「想」，就有來去。佛法不可思議，用嘴巴講的還不是！

臺灣法師：「請師父開示有關修行方面。」

老和尚：「受戒是受忍辱。耳朵聽到別人罵你、刺激你，不理那就是戒。」

法師：「修行很難，尤其這耐性更難；如忍一星期、二星期、一月，甚至一年、三年都容易，一生中忍辱是不簡單。」

老和尚：「出家人的無明像火，在家人的無明像煙。」

老和尚說法之意涵，頗值得參究！試剖析於下：出家眾若起煩惱心時，任由無明做主，自難逃「火燒功德林」的下場；但若能一念返照、轉煩惱為菩提，則可逆轉「無明火」為一智光朗照的「慧炬」！相對於已步上「始覺」起修的出家眾，在家眾則仍處「不覺」狀態；煩惱縈心時，不知返觀內照，無力究明問題根源，只能任由無明煩惑如煙燻般持續在內心「悶燒」！

同年，有位經常閉關的法師上山請教老和尚：「我修某某三昧數十年，今來臺覓地修行，請老和尚開示！」

老和尚答曰：「您修某三昧數十年，應該由您與我開示；我沒修過什麼三昧，無法與您言說。」

「我的關房很小，空氣也不好。」

老和尚回說：「如果心閉關，這個身已夠用了；如果身閉關，那事情（條件）還很多。」

法師：「般舟三昧是智者大師所謂四種三昧中的一種『長行三昧』，師父所行的是一種『長坐三昧』。」

老和尚答曰：「我不曉得我在做什麼！你不說，我也不知道、沒說我在做什麼。」

老和尚一語道破「閉關」的真諦在於「守心」而非「守身」；而以「我不

曉得我在做什麼」，提撕對方破除「覺於口而迷於心」的所知障，回歸修行的要旨在於「從心地上下功夫」，不能只停滯於紙上談兵或執著身軀！

這段時期，老和尚駐錫承天禪寺隨機點化的對象，除佛教緇素二眾外，亦不乏外道信徒。

民國六十三年，有一外道對老和尚說：「我要修到長生不老。」老和尚回答他說：

我這身體沒寄託，但我的靈光有寄託、有個地方可去；有一天，靈光會離開這個假體。但我對身體有準備，靈光也有個去處：即身體歸四大，靈光往西方。而你呢？

外道答說：「我的靈光在宇宙萬物。」老和尚回應：

靈光寄託在宇宙萬物很危險，還會改頭換面，四生中還有份。眼所見，有生必有滅，宇宙萬物仍會壞；這身體讓你住兩千年，坐在那裡，像石頭仍會壞！

依佛教教義，凡有「質礙」的東西必經「成、住、壞、空」等四個階段，故肉體終歸消散、敗壞，但神識（靈光）則隨業力（或願力）去該去的地方。老和尚對於一己的生死大事，早有安排與把握：不貪執「地、水、火、風」四大假合的色身，隨順因緣回歸來時處；神識（靈光）則在願行的主導下，蒙佛接引往生西方極樂世界、彌陀淨土！

此外，雖見解不同，但老和尚對於來訪的外道，仍一本慈悲心懷，動之以情、說之以理，未嘗有絲毫輕蔑、排斥之意！

民國六十三年，農曆七月承天禪寺舉辦地藏法會期間，老和尚從七月三日（國曆八月廿日）開始，每晚對常住眾與信眾等開示一小時。七月九日的紀錄說明此番開示的緣起，並註明由傳喜尼師轉譯為國語，傳聞尼師複述為閩南語，出家眾有傳安、傳奉、傳悔、傳總、傳淨、傳登、傳海、傳岸、傳緣、傳實、傳音、傳陀、傳陀、傳修、傳義、傳聰等弟子。

《廣公上人事蹟初編：二〇一九年增訂本》收錄了該年農曆七月三日至七月二十日老和尚晚間開示的筆記。這份紀錄的開示內容，主要勸勉出家眾與在家眾，要把握難得的人身，如法用功修行，以期開顯本具的真如佛性、脫離六道輪迴之苦；最後，老和尚誨勉大家多念佛，早求解脫！

該紀錄中，有份極其珍貴的第一手史料。老和尚在七月八日、九日兩晚的開示中，自述其生平事蹟：從他五歲、六歲在家鄉（福建晉江）和母親到寺裡拜佛談起，直到泉州承天寺出家、上清源山苦修、乘英輪渡海來臺，抵臺後的弘法事蹟與輾轉來到土城開山建寺的緣起與過程。七月八日晚，老和尚在開示結束前，以他過來人的經驗，有感而發：

度眾生沒有那麼簡單，須有佛緣及佛報（人見生歡喜心、恭敬心）！自己修到有功夫、福慧具足時，自然護法菩薩會擁護；不然想要度人，人卻不讓你度。今天我能度這麼多眾生，都是護法韋陀菩薩擁護！度人須度量大，別人問東、問西我都耐心地說、沒有起煩惱；人見我歡喜，我自己也不曉得怎麼會度眾、蓋道場？我雖不會講經，但有點苦行內功，可說得出直示西方途徑。

從中，可看出老和尚的謙和胸懷與對自己苦行內功的十足信心！

老和尚的謙虛，從他在七月十一日、十二日結束開示後，分別對佛菩薩與信眾自求懺悔的行誼，也顯露無遺：

在五欲中、四生中，就是你吃我、我吃你，地藏菩薩要我們吃素以了脫生死。如果我說錯，請地藏菩薩原諒，我向地藏菩薩懺悔。

我不識字，沒照講經的方式講，今天想到什麼便說什麼；如說錯，請原諒。

八十三歲的高僧，仍如此謙沖自牧、不失赤子之心，真可謂名符其實的「大人」！又，老和尚每晚講完開示後，即領眾念佛、拜佛；所念佛菩薩聖號，依序為「南無阿彌陀佛」、「南無觀世音菩薩」與「南無地藏王菩薩」，時時以諸佛為師，無敢或忘！

遠來宣化　宿世同修

民國六十三年，農曆一月十三日（國曆二月四日，星期一），廣欽老和尚特別叮囑承天禪寺住眾要把寺內環境、道路打掃乾淨，因為明天將有一位特別的人蒞臨。

第二天（農曆一月十四日），甫自美抵臺不久的宣化上人（註一）（時年五十六歲）果真在濛濛細雨中上山到訪承天禪寺，與老和尚展開了一場跨越時空的對話；兩人一見如故，親切互動！

老和尚主動對身旁徒眾說，自己與宣化上人是好幾世的老同參；上人則幽默回應：「究竟好幾世啊？恐怕是好幾劫吧！」還語帶玄機，透露一樁不為人知的軼事：上人過去曾送飯給因苦修斷糧、幾瀕餓死的和尚，「有、有！」老和尚連聲應道。

至於「送飯」一事，是否與唐代道宣律師（西元五九六至六六七年）於終南山苦修時，因戒行精嚴、德行高超，感動天人每日送飯供養的事蹟類似？箇中原委，就唯有兩位當事者「你知」、「我知」了！

廣欽老和尚為閩南人，宣化上人為東北人，兩位操不同方言的奇僧，透過承天禪寺出家弟子的國臺語轉譯，隨機示教利喜、成就一席殊勝的「法筵」——

老和尚說：「度眾生不是用說的，是要修到無形中能感化人，不是拿個什麼東西來弘法。」

宣化上人：「是的，處無為法，行不言教。我現在要做什麼事都能夠辦到，譬如我要現在所住的三藩市不地震，就不地震；不是地不會動，而是我能使之不動。以前我在香港，颶風要來，我能使之在二十英里外不來。在東北做沙彌時，就有許多鬼、神、龍、狐狸精等都來皈依；現在我度的這些美國弟子，就是我打他們、罵他們，他們也不會離我而去。」

老和尚說：「修行要修到口說出來就能成，說這樣就這樣。我沒講我在做什麼，人見了我或聽我講一兩句話，就深深感動！我到臺灣後，臺灣也比較安定。」

宣化上人說：「這是老和尚的德行感化人！這些事我不向人說，因為遇到知己，說些知己的話，我到美國是六祖大師叫我去。我的字叫度輪、法名安慈，虛雲老和尚傳法給我，叫宣化。」

老和尚說：「我在鼓山也見過虛雲老和尚！我是修苦行，一字不識、不會說法，我什麼也沒有。」

宣化上人：「老和尚太客氣，本來就是無所得。修道不在文字上，有了德行自能度眾，六祖大師也是一字不識。我所得的功夫是《楞嚴咒》及《大悲咒》：遇到什麼事，急需用到時，不必從頭念到尾，只要從中取一、二句或一字，也能感應，看什麼情形用那一句即可。」

老和尚說：「我是念佛，遇到什麼事，只要一句阿彌陀佛就行。」

宣化上人：「我喜歡助人，但為了助人遭到很多毀謗；雖然如此，我利人之心仍不退轉，就是把我的頭砍掉，我也高高興興！人家罵我，只當做是唱歌；打我如碰牆壁，我要降伏天魔、治諸外道。」

老和尚：「您是菩薩。」

宣化上人：「您是大阿羅漢，我們早就相識，是老同參；幾十年不見，現在又見面！雖然如此，我們已經見面好幾次了。」

老和尚說：「您進來，我早已知道是您，菩薩心定就是見面。」

宣化上人：「凡所有相皆是虛妄，若見諸相非相，則見如來。」

老和尚說：「這還是有形色相，不過無形色相還得從有形色相修起，我沒說有形色相、無形色相。」

宣化上人：「借假修真。」

老和尚：「眼所見皆有生滅，耳所聽也如是。」

宣化上人：「請老和尚多住世，暗中加持我弘法。」

老和尚：「這次我本來要離開這娑婆世界，沒想到卻被信眾留住。」

宣化上人：「來者無所從來，去者無所從去。」

老和尚：「我要來就來，要去就去，來去自由。」

宣化上人：「您沒去，因為我還沒來；現在我來了，您更不能去；要多住世，使世界和平！我們各住一方，做各人的工作；請老和尚以精神加持我弘法，降伏天魔、治諸外道。」

老和尚：「就以現在我們所談的來弘法，不是拿個什麼東西來弘法；要修到無形中感化人，就是壞人一見則起深信，不用口說。」

宣化上人：「如是、如是！我在美國，許多有錢的美國人來；我不開口，他們也起信仰。所謂動也大轉法輪、靜也大轉法輪，動靜不二、動靜一如。」

老和尚笑笑，宣化上人也笑笑；宣化上人翻手掌給老和尚看，老和尚也翻手掌給上人看，兩人發出會心的微笑！

老和尚說：「我沒有準備要說什麼，您講我就答，不必講太多話。」

宣化上人：「我沒有說！」

兩位久別重逢的「老同參」互道知心話，或藉事顯理、或以理驗事，或從空入假、或從假入空，然皆冥契「處無為法，行不言教」之旨、同臻「心想事成」之境，又都能以「無所得之心」借假修真，利濟群生；雖然隨順不同的因緣而各自呈顯出不同的弘化風貌，但相互尊重、珍惜之情則始終如一。而兩人在這一世，分別親近過虛雲老和尚，更顯彼此共具的殊勝法緣！

在上述對談中，老和尚提及，他到臺灣後，臺灣也因此比較安定，此誠非隨口而出之虛言！宣化上人曾於某次開示中提及，廣欽老和尚住世時，有股紫氣祥雲籠罩臺灣，臺灣因此得以安定。證諸現代西方大衛．霍金斯（David R. Hawkins）博士有關「心靈（意識）能量學」的研究：一個開悟者的心靈能量層級屬於強大靈感的等級，彼等設定了影響全人類的「吸引子能量場」；其所創造的「大我」能量場域，有助提高人類的意識能量層級，「罩」護與其有緣的眾生！

當天，兩位老同參還隨興打起了禪機，即席演示了一則活生生的公案——

老和尚問：「坐是什麼意思？」

宣化上人：「無意思！」

老和尚：「無意思，是不是像一塊石頭？」

宣化上人：「有意思也是石頭，應無所住而生其心，故無意思，無智亦無得。」

老和尚：「不顧惜身體！」

宣化上人：「因為無人、我、眾生、壽者等相，凡所有相，皆是虛妄，若見諸相非相，即見如來；所以我見如來，如來無所來，亦無所去，故不可去。」

老和尚：「這是菩薩所說的，但是我們還有肉體。」

宣化上人：「不執著即是菩薩。」

老和尚：「執著才是菩薩。」

宣化上人：「一切皆是幻化，所行無事。」

老和尚：「但是說者是誰？」

宣化上人：「說者是說者那個人，吃飯是吃飯那個人！」

老和尚：「吃不飽，心不願！」

宣化上人：「吃不飽，因沒吃；吃，一定要吃飽！」

老和尚問：「貪者是哪個人？」

宣化上人：「貪者是貪那個人，貪者也是佛。」

老和尚說：「說者有理！」

宣化上人：「如無理者，我在美國，美國人不會服從我。」

此時，宣化上人轉而對其美籍弟子們說道：「你們有什麼問題可請教老和尚吧！」

弟子們點頭答曰：「我們想不出什麼問題可請教。」

老和尚即時向上人美國弟子們說：「你們不用口問，只用眼睛看看就知道！」

宣化上人：「不用眼看亦可知道。我在美國尚未來此的時候，早就知道，你是老修行家！」

老和尚：「不是、不是！我時常感覺這件假殼子仍是不自在。」

宣化上人：「自在不自在，總是不管他。」

老和尚：「不管他，也會痛苦！」

宣化上人：「應無所住而生其心，你要顧身體。」
老和尚：「要顧也顧不來啊！」
宣化上人：「不顧也得顧。」
老和尚：「無所住！」
宣化上人：「顧也是無所住。」
兩位高人此則「禪來禪去」的公案，且留待上根利智者用心推敲參究！

佛法未衰　興衰由心

民國六十四年三月九日上午，三年未下山的廣欽老和尚，慈悲應請為前來請益的章克範與丁肇強兩位居士開示了一個小時。「他的精神好極了，眸子清明、聽覺聰穎，步履安詳、氣韻生動，比往昔任何一次所見都好。」章居士如是說。

一個小時的開示中，老和尚愉快地從山居生活的近況談起，他說：

近年來，經常有韓國、美國以及歐洲的學人或僧侶，上山來參究佛法；他們既懷著誠心，也懷著疑心。經過簡單的說明，莫不皆大歡喜，輕鬆愉快地回去。還有國內年輕的大學、中學生和老師們，大家信佛的虔誠、見解的深刻，也令人歡喜，這都是值得欣慰的事！他們無論用語言或文字，直接或間接去宣揚佛法，對社會都會發生良好的影響。

老和尚欣見佛法得以廣傳至海外，法雨普潤有緣的異國人士；而國內知識分子敬信三寶、以及熱中研習教義、宣揚佛法的風氣，間接有助於社會的安定與人心的淨化，更是令老和尚歡喜不已！

老和尚隱身山林，遠離名聞利養，惟一心繫念弘正法、度有情；然而，雖身不出山門，其開示卻已然點亮諸多信眾的心燈，而其盛名亦悄然地隨之傳揚流布開來！

接下來，老和尚話鋒一轉，直陳他對臺灣僧團現況的感觸：

社會環境在變，僧團的環境也在變。從前我們在叢林裡的作法和現在的出家人的作法就大有差別。從前的出家人比較重視佛法，成天在行、住、坐、臥中辦道；現在為環境所迫而出家的人多，因此為自己的利益而奔忙的人也多，真正為佛法弘布而盡心的人就少了！

老和尚進一步說明：

佛法是出世間法，與世法畢竟有別；過去佛的風範猶在，我們不可忘記！遺憾的是，現在的出家眾不自覺地將政治也帶到佛法中來，以觀光、販售佛像（雕像、塑像、畫像）來弘揚佛法。這樣向工商業社會看齊的做法，就戒律而言是有牴觸的，就是「不如法」！

為了加強論點，老和尚更比較僧團今昔之別，以具體的事例來印證他的說法。他說：

叢林規矩，不論你是學禪、學淨，還是學天台、學法相，都講老實修行。現在大家多為生活忙，修行只是應應景而已。難道會看經、會穿袈裟就成了僧寶？也有人拿起筆來能夠寫寫，也歸不到佛法這一邊去，說起來也是遺憾！

又感慨地指陳：

從前的叢林，以救濟災荒與施捨窮困來與社會結緣，消滅苦難；今天臺灣各道場的做法恰恰相反，大家儘在比賽誰的齋飯做得好，以拉攏社會上有錢和有地位的人。這樣成天在聲色貨利裡打轉，與佛法的距離就遠了！

老和尚這番針砭之語，乃是針對當時偏離修行本務、世俗化之僧團而言，實為其出於護法心切的當頭棒喝，而非無的放矢之誑言！惟須釐清一點：其所說的「臺灣各道場」，應是指他老人家所見到的「不如法的道場」，而非泛指臺灣所有的佛教道場。

老和尚期望佛教僧眾要深究戒律，以身作則，以正信、正知見教化在家眾。「戒律主要在戒自己，不是光教人做，自己不做」，老和尚一針見血點出「以戒嚴身」的真諦；而一般信眾佛道不分，無法辨明佛菩薩與神祇之別，更是僧團未善盡教導之失！

在此之前，國內外皆有許多人問過老和尚有關佛教發展興衰的問題。當天，老和尚也語重心長地再次強調：

佛法並未衰微，人心確在衰微！因為人心衰，所以社會風氣亂、道德水準墮落，佛法自然不興了。無世間法就無佛法，要佛法興盛，就應該在人心上做工夫。

於是，老和尚鄭重地念出人人耳熟能詳的佛門名偈：「人身難得，佛法難聞，中國難生！」這三句老生常談的話，從他口中說出來卻有著千鈞之力，震得現場在座人的耳膜都嗡嗡作響！

接著，既沒讀過書、更沒出過國的老和尚，認為人心之所以式微的原因，跟西方過度重視科技、物質文明，輕忽倫理道德教養有關。他說：

現在的讀書人，作興到國外去留學，特別是到美國和歐洲去；這些西方國家，就是不重視倫理道德，只講求科學技術。儘管技術學好了，還是皮毛；做人的道理沒有學，縱然一個個都得了博士學位回來，於國家、於社會，嚴格說起來，並無多大用處！

觀諸中國傳統學術講求「做人之道」、「成德之學」，乃先透過學問來完成一個「人」，再由這個人將所學貢獻社會人群。佛家則講求「成佛之道」，以「人成佛成」為修行下手處，以淨心自覺、悲智雙運為自度度人之舟航。兩者皆看重「做人的道理」，誠可作為對治老和尚所憂「西學」流弊的一劑解方。

當然，老和尚這裡所指稱的「嚴格說起來，並無多大用處」的博士們，係指「沒有學好做人道理」之輩；反之，若能既具科學專業技能，又能學好做人道理的博士們，自可為國家、社會發揮大用！

老和尚甚至將世界的禍亂與紛擾，也歸咎於西方人對於宇宙人生真諦未能透徹地理解。他認為，西方人以物質文明點綴了花花世界，卻又因不能明禮尚義而使世界發生動亂，引發人為災難！因此，他說西方人不容易了解「人身難得」這句話的道理，自然對「眾生皆有佛性」（眾生包含胎卵濕化、一切含靈）更無從體會了。

我們的身體會壞，佛性卻不會壞；眾生雖有佛性，卻天天在做夢，連吃三餐還是在做夢。夢在六道輪迴，不出娑婆；要出娑婆，就須有緣得聞佛法，並照著它的道理去做。

老和尚諄諄勸勉：有幸得人身、能聽聞佛法，又生長在佛法興盛之國土的人，當善自珍惜這千載難逢的機緣、依教奉行，早日出離輪迴之苦！

最後，老和尚的開示又回歸到對出家人的惕勵。他說：

社會並不是按照佛法組織起來的，但是娑婆世界嚮往佛法的出家人，不可被社會染汙，應該以自己的行願去淨化社會。因此，獻身佛法棄名利而出家，現在竟也有人在為名利而明爭暗鬥，真有失出家人的本分！不從苦入道、不忍辱精進，竟跟社會上的人一樣去搞派系；試問，這樣怎麼成得了人天師表？

一陣感嘆的話說完，老和尚又把話題轉到過去諸佛菩薩的修持上。他說：

過去的佛、菩薩都是苦修的，有的修幾生、有的修幾多劫，生活淡泊、不妄造作，所以能開悟、了生死。現在的人，多不想吃苦，也不相信佛菩薩為佛法而捨命的道理，因此入道很難！

過去的佛菩薩，各各願力不同，如阿彌陀佛有四十八願，藥師佛有十二大願……修行人應該效法佛菩薩，每人至少發一個願，永持勿失，直到成佛而後已！但這是指弘法度眾的願、圓證佛果的願，不是要你把廟子蓋得大一點、住得舒服一點；如果這樣發願，真是太可憐了！

老和尚不諱言：

現在的世間上，的確有這樣的出家人！他們只圖把自己的廟宇建得大，自己的信徒聚得多，好在人前稱能。他不許信徒敬信別家寺廟的佛，只信他廟內的佛；只許信他一人，也不許信徒尊敬其他的出家人。像這般貢高我慢、妄自尊大的人，還不是在名利圈圈中打滾，同平常的在家人一樣，在苦惱中過日子！

回想兩千五百年前，悉達多太子捨王宮而出家，自此過著簡樸的修道生活，最終成就正等正覺，從而四處行化、隨緣安止。如果佛陀在世，目睹前述老和尚所痛陳的歪風、陋習，是否也會潸然落淚、徒呼奈何？

講到這裡，老和尚發現上山的信眾與遊客越來越多（有的在地藏殿內小憩，有的站在殿外）。老和尚看著他們一雙雙流露出渴求「解答」的眼神，知道還有許多問題待梳理，遂以堅定的語氣作結論：「佛法未衰，而是人衰！」緊接著，以鼓舞、嘉許的口吻勉勵大眾：

在家居士近年來在護法上的成就頗能盡力，但是還要精進，不可滿足。只要真心學佛，不問在家出家，都可成佛！

法爾如是：佛法常在、真理常新；惟賴有心人戮力行道、證道、弘道，則佛光普照寰宇、菩薩滿布人間的盛況，當可指日而待矣！

根據章居士的回憶，當天老和尚一開口談話，就如江河傾瀉而下，旁人毫無插嘴的餘地，但聞負責口譯的道一師，不斷來回轉述。而章居士在這次聆聽開示的過程中，覺得最神奇的，莫過於自覺耳根忽然靈光起來，幾乎可聽懂七成左右（前所未有）；而老和尚句句出自肺腑、切中時弊的教誡，更是令他銘感在心！

【註釋】

註一：宣化上人（民國七年至八十四年，西元一九一八至一九九五年），生於中國東北雙城縣的小村落（現屬黑龍江省境）。俗姓白，父富海公務農為業，母胡氏一生茹素念佛。師降生之夜，母夜夢彌陀金身晃耀、大地震動；驚醒後，但聞異香盈室，久久不散。十一歲時因睹郊野死嬰，激發出世之志，嚮往修習不死之法。十五歲皈依三寶。十九歲（民國二十五年，西元一九三六年）投哈爾濱三緣寺出家，法名安慈、字度輪。

師事母至孝，出家後延續之前在其母墳墓旁搭茅蓬守孝之節，前後三年。師廬墓期間，正值日本侵略中國東北，風聞許多國人被日本兵抓去當勞工，缺衣、缺食，餓死、凍死者不計其數。師內心悲淒不已，遂發願節衣縮食以拯生靈；每天只吃一餐，將早、晚兩餐布施給沒有飯吃的人；從此不穿棉衣（改服三層布衣），好把棉花省下來，迴向給無衣之人遮身。

抗戰勝利後，師久仰禪宗大德虛雲老和尚道風，發心不遠千里前往廣東曹溪南華寺親炙虛公。民國卅七年春，師如願於南華寺叩見虛雲老和尚。師曾云：「至南華寺，禮雲公，如嬰兒見母，如遊子歸家，數年仰慕之心，於此夙願克遂矣！」雲公慧眼識英雄，知師為人才法器，遂賦予重任。民國三十八年五月初旬，師奔赴大覺寺，追隨移錫該寺監督修繕工程的雲公。

不久，師為雲門瘴癘之氣所苦，決意回廣州治療。師拜別雲公時，公淒然淚下，握師之手曰：「去則不能再相會矣！此去當為釋迦老子爭口氣，為歷代祖師建道場；前途光明無量，努力、努力，好自為之，勿負吾之期待！」這一番深情款款的慰勉，也成為師終身行化不懈的動力來源。

日後，師果不負雲公之期待，隨順弘化因緣，先是從香港轉往澳洲；繼而在西元一九六二年年三月，應信眾之請飛抵美國。爾後卅三年，師一本「大慈悲普度，流血汗、不休息！」的精神，夙夜精勤於樹正法幢、播菩提種於西方的歷史性偉業。

民國五十九年，師五位美國弟子連袂到臺灣基隆海會寺受具足戒。從該年起，師逐步落實其畢生三大志願：一、在佛教裡辦教育；二、翻譯經典；三、在美國建立佛教的基礎（弘正法、建道場、收徒眾、立宗旨），為佛教流傳西方奠定良基。陸續設立國際譯經學院、萬佛聖城、育良小學、培德中學與法界佛教大學等機構，為三寶在西方落地生根之增上助緣。

西元一九七四年起，師曾數次率領弟子出國弘法，化跡遍及東亞、東南亞、南亞、西歐各國。師住世時，前後來臺十二次，與廣欽老和尚會面五次（第一次在民國六十三年農曆正月十四日，第五次在民國七十年十二月三日）。

第八章　承天禪寺弘化後期
（民國六十五至七十三年）

佛乃沒有相，佛是無相的；念佛乃無相，佛在心頭。相是供在佛桌上的佛菩薩，並非是真佛，不過借此而引發我們的自性佛。

承天禪寺地處山坡，初期興築之磚瓦房，多屬匆促之間完工；經過十多年的風吹雨淋，地基陷落、牆壁龜裂，拆除重建勢所必行。

承天重建　傳悔當家

民國六十五年春（農曆為乙卯年底），啟動重建的第一課——改建舊三聖殿前下坡處的女眾寮房為兩層鋼筋水泥樓房；隔年春夏之交竣工，即今大雄寶殿下的女眾寮房。

重建工程得以順利進行，實有賴民國六十四年夏秋之際，後山開了一條產業道路，接通礦坑運煤的便道；自此，車輛可由山下直驅山上，水泥、砂石因此可以很方便地被運載上山。

民國六十六年（西元一九七七年）秋，農曆七月法會圓滿後，陸續拆除舊有之三聖殿、齋堂、廚房、大雄寶殿、男眾寮房及方丈室等；並在女眾寮房的屋頂上方，用鐵管和石棉瓦搭蓋了一座一百五十坪的臨時大殿，以便早晚課誦及法會之用。寺務處也設在臨時大殿裡，當家和執事都在那裡辦理接眾的工作；老和尚也時常坐在殿裡的籐椅上，與大眾結法緣。

同年農曆八月，地藏法會剛結束，就在原三聖殿背後開山整地：以大型推土機與挖土機進行開挖，前後費時近三個月，才把半座山頭剷平，成為日後新大雄寶殿的殿基。時任當家的傳悔師，日後曾回憶說：「這時的承天寺到處是黃土瓦礫，風來時飛塵滿天，雨來時泥濘遍地！」

民國六十七年春，於舊大殿原址，以鋼筋水泥建構三聖殿與兩層寮房；隔年完工後，再依山坡地形建祖師堂（老和尚住世時安止之處；老和尚圓寂後，改名「廣公紀念堂」），並於齋堂原址興建兩層樓的齋堂及廚房。新大殿亦於民國六十八年啟建（與三聖殿同一模型，兩側亦為兩層寮房），於七十二年（西元一九八三年）夏落成。

惟受限於地形，大殿前廣場無法再往外拓展，導致法會時信眾摩肩接踵、擁擠不堪。寺方遂於同年秋天，為新建大悲樓奠基（在新大殿右側山坡下），該樓於七十六年（西元一九八七年）竣工。

民國七十二年（西元一九八三年）冬，以懺雲法師在寺裡領眾打佛七的因緣，找到臺灣著名雕塑家陳一帆居士（西元一九二四至二〇一六年）為新大殿雕塑佛像。陳居士進行塑像創作之際，老和尚常在一旁指導，是以最終所呈現的三尊如來造型，特別與眾不同：中尊為佛教教主釋迦牟尼佛，右邊為東方淨琉璃世界藥師琉璃光如來，左邊為西方極樂世界阿彌陀佛，雙手各自結出不同的手印。

於此重建時期，承天禪寺常住們（當時約四、五十單出家眾）依循老和尚所倡導「一面念佛、一面做事」的宗風，分工合作、協助建築工事；而老和尚為考驗住眾是否時刻「做事不忘修行，修行不忘念佛」，每每冷不防出手，給大家來個突襲考試：「看你能否始終『佛在心中』，不被境轉！」底下即為一傳頌的案例——

某晚，當大夥在泥土堆裡忙到深夜、疲憊不堪之後，老和尚竟擅自把一大盒原已分類好的鐵釘全都攪混，然後對眾人說：「你們把這一盒鐵釘，按大、小揀好！」當下，有一「傳」字輩的尼師內心不由自主地「吶喊」：「唉！老和尚，您為什麼偏偏選這種大家都疲累不已時，叫我們來揀鐵釘呢？」老和尚似乎聽到這「無聲的抗議」，凜然板起面孔說道：「難道臨命終時，還讓你們選時間嗎？」

該尼師立馬領會老和尚出此「非常刺激」手法的用意，趕緊跪下來說：「弟子現在就去揀！」於是，她抖擻精神，把鐵釘依大、小揀別收納，直到半夜才全數完成；隨即報告老和尚：「弟子已經把鐵釘分好了。」老和尚卻只是冷冷地回說：「要揀，是你們的事；不揀，也是你們的事！」

好一箇擅長以非常手段逼拶弟子頓斷我見、激勵彼等快速成長的嚴師啊！

承天禪寺整建工程依序展開時，當家一職卻連年換人。先是民國六十五年夏，原當家離寺而去。眼看農曆七月法會即將到來，而重建工作勞務繁多，沒人願意挑起當家這個吃力不討好的重擔。既然沒有人發心承擔，眾人就依老和尚的指示：以抽籤方式決定人選！結果由傳奉法師抽中；他勉為其難撐到了六十六年的上半年，便改由另一個人暫代。這一年農曆七月前，又再度歷史重演：承天禪寺當家一職懸缺，亟需寺僧發心承擔！

兩度離寺參學的傳悔師，先前曾被老和尚勸勉接任該職（但當時他仍執著於看書、拜經等個人的修持，並未答應）；此次，因沒人敢擔當，老和尚叫他非做不可。「我不得不挑起這個擔子，不是我去和人爭來的；老人叫我做，就是刀山劍樹也得上啊，因為他是師父啊！」傳悔師如是說。

師命不敢違：傳悔師乃隨順因緣，於民國六十六年農曆七月前，正式接任當家。他對老和尚說：「我盡心盡力。」老和尚點頭稱道：「對！盡心盡力。」由於當時他已深切體解：出家的真義在於「修行、消業障」（過去十年，自以為看經就是修學佛法，就一味學別人看書、讀經；而實際上，道業進展有限、業障依舊未消），乃斷然「改弦易轍，回頭完全接受老人的指導——念佛，為常住發心做事」。於是，就任後的他，拚命似地全力以赴、一心投注於常住法務，自許犧牲身命都在所不惜！

傳悔師曾將老和尚平日對他的開示綜合濃縮為四句話：

夢是顛倒，行依經論；
苦作道緣，韋馱擁護。

「夢是顛倒」緣起於，老和尚叫他接當家時，他做了一個怪夢，夢到老人的手是雞爪；當他向老和尚提及該夢境時，老和尚一開口就當頭喝斥：「夢是顛倒的！」「老人說話完全是直覺的反應，現量的、不經過考慮的；平常人誰敢確定這個夢到底是不是真的？但他就是知道。」於是，傳悔師欣然接受老和尚的棒喝！

復次，「行依經論」是指以三藏經論為修行的指路標。傳悔師的理解：「老人說『行依經論』，雖然他不識字，但他還是指導我依照釋迦牟尼佛的聖言量，依照經律論來學，這是十分正確的。」

至於「苦作道緣」，他的體悟是：修行要吃苦！過去諸佛菩薩、祖師大德和老和尚，也都是從吃苦中成就道業的，苦是修道的一種助緣。但「吃苦」不是專挑什麼苦差事做，也不光是勞心、勞力；而是遇到困難能勇敢面對，能為大眾的利益犧牲小我，不要把自己擺在第一位。他體認到：大乘佛法看重為別人、為眾生吃苦，為大眾服務才有意義；同樣用心，會用功地發心為別人——為別人即是戒定慧，為自己就是貪瞋癡！

最後一句「韋馱擁護」，則是他依教奉行後的感應：真心為常住吃苦耐勞，冥冥中即得到佛菩薩的加被，「苦決不會白吃」！遇到困難，發勇猛心去做；時機成熟，自然出現新的境界——智慧開了，問題也就能迎刃而解，就怕不肯去做而已！

傳悔師憶及，有一年夏天颳強烈颱風，風勢萬分強勁，正好沿著山谷，直衝臨時大殿而來！臨時大殿都是用石棉瓦搭的，恐經不起颱風摧殘，而新大殿的門窗都還沒安裝。「我在臨時大殿坐鎮，準備隨時應變。舉目望向山谷，只見一陣強過一陣的風雨襲捲而上；但奇怪得很，風吹到了大殿正門口，竟然自動轉向，朝南天母方向的山麓而去！」隔天早上，但見對面山上，一片光禿禿、白溜溜的景象（茂密的樹葉全被強風掃蕩一空，樹幹斷折、歪斜，地面滿是被風雨捲扯脫落的大片樹皮）；如果當時威力驚人的大風大雨直接衝向大殿，後果真是不堪設想！

傳悔師深信：「龍天護法是護持真修行人的；儘管腳踏實地修行，凡事到了眼前仍是有轉機的，即使颱風來也不怕。真是：菩提大道如何走？為眾辛苦是正途；心力盡時神鬼護，志堅不向業賊輸！」

傳悔師如是精進用功，自覺消了很多業障。經過了三年，到第四年的七月，就感應到跟他之前拜《法華經》相同的清淨境界，也驗證了老和尚的教法是正確的！也因此，他對老和尚的教導更具信心，更把老和尚當成釋迦牟尼佛：「他的開示對我來說，就是大藏經，就是正法眼藏。」

至此，傳悔師全然接受老和尚傳授的修行方法，徹底放下書本，全心為常住做事。他一邊工作、一邊念佛，心裡很安定、很法喜，更覺得慶幸，並坦言：「如果不是老人，恐怕我到現在還陷在迷宮當中！」為此，他作了兩首詩來紀念這段殊勝的法緣：

看經看律整十年，幸遇廣公破迷緣；
從此經律置高閣，任他塵封蛛網纏。
人身難得今已得，佛法難聞已幸聞；
明師又示成佛路，三大勝緣集吾身。

蓮因懺雲　率眾挖寶

在此時期，廣欽老和尚與南投水里蓮因寺當時的住持懺雲法師（註一）頗有互動；每回兩位佛門長者會面，總吸引無數聞風而至的隨喜「旁聽生」，跟隨懺公師父到承天禪寺來向老和尚挖寶！這群「旁聽生」多數是大專院校的師生，因為參加懺公師父舉辦的「大專生齋戒學會」（註二）而歸信佛教；進而在懺公的引領下，得以親近禪定功深、念佛不輟的老和尚。

民國六十五年一月十一日（乙卯年農曆十二月十一日），懺雲法師在承天禪寺代眾發問，針對大眾咸感好奇的幾個問題，向老和尚請益。最先提出的問題，是有關老和尚「不食人間煙火」的傳聞——

懺雲法師：「老和尚的身體看起來很健康，精神都很好，不似八十歲（實際已八十五歲）的老人！請問您老人家，您一直都不食人間煙火，怎樣能支持這個身體？」

老和尚回覆道：

過去修苦行時，是沒有辦法！因為一個人在深山裡，把帶去的幾十斤米糧吃光了，再也沒有人來接濟；只好吃些山果、野菜、樹根之類，來維持這個身體，不是說我一定要吃這些東西來修行。現在是度眾生的時候，為了應付許多人，我不能像在深山裡一樣，天天吃野菜樹根；因為我是一個凡夫，也和普通人一樣要吃東西。而信眾每天都有人送水果來，所以就吃點水果，維持這個臭皮囊，也飲點牛奶之類的飲料。這個不能說是「不吃人間煙火」，那是他們說的！

老和尚如實、直白的回答，破除了許多不明就裡、卻一味在表面上如法炮製「不食人間煙火」之修行者的迷思！

接著，懺雲法師問：「聽說您老人家念的大悲水救了許多病人，此事是真的嗎？」

老和尚答：

我怎麼知道會救許多病人？那是許多病人相信大悲法水可以醫病，他們誠心來求，我就念給他們飲用；至於能否有效，端視他們是否誠心去求？是佛菩薩的加被，所謂信則真、誠則靈。其實大家都可以念大悲水來醫病，只是念的人也要真心、誠心才行！

又是一番平淡無奇，連三歲小孩皆知的道理：「信則真、誠則靈！」老和尚已臻「三輪體空」之境，心中毫無「施者」、「受者」和「所施之物」的執念；其所誦持的大悲水能醫病，他絲毫不居功，而歸功於佛菩薩的加被與信眾真誠的祈請；他認為自己只不過隨順信眾所求，做個助緣而已！

繼之，懺雲法師又問：「有人說老和尚有神通，是真的嗎？」

老和尚說：

那是他們說的，我是一個最普通的僧人；自己非常愚笨，既不識字，又不會念經、看經，哪裡來什麼神通？不怕被人見笑！

聞言，相信在座的「旁聽生」不但跌破眼鏡，而且有點「失落」。原本以為可以聽到老和尚親口訴說他一籮筐的「神通」事蹟，怎奈老和尚的回答竟是如此「普通」？

不減求法熱情的懺雲法師接續問道：「請問老和尚，據說您度了許多信眾，真是了不得！但不知有多少人得度呢？」

老和尚回答：

說起來十分慚愧！我非常地抱歉，我既沒有道德又沒有修持：皈依雖多，得度的很少，這是我最遺憾的事。換句話說，不是大眾不能度，而是我沒有修持、沒有足以感化大眾的道德。

好箇「行有不得者，皆反求諸己」的常慚愧僧啊！

懺雲法師連忙回應：「老和尚太客氣了！今天誰不知老和尚德高望重，弟子千千萬萬，海內外都非常景仰您老人家。」又說：「這幾位是新出家的徒弟，請問老和尚，他們能有成就嗎？」

老和尚：「都很好，都有善根；只要放下，都有成就！」

於是，在老和尚的讚歎、鼓勵聲中，賓主盡歡地結束了這一席法筵。

再者，宗昂居士所撰的〈廣欽老和尚雲水記〉，也詳實記載了他全程參與的另一樁「挖寶記」——

民國六十六年，懺雲法師在臺北市蓮友念佛團領眾打佛七；佛七圓滿後，率眾七、八十人，浩浩蕩蕩地上承天禪寺拜訪老和尚。

在老和尚的方丈室，裡裡外外擠滿了老老少少；有專程來請益的，有好奇湊熱鬧的，有登山路過的。老和尚一語不發地坐在禪椅上，俟懺雲法師進來引領大眾行過大禮後，大家就地安坐。懺公師父向老和尚請安後，整個方丈室就靜默下來。

老和尚顯得精神愉悅，似乎非常高興！見大家默默無語，老和尚面對大眾說：「你們打佛七挖寶，既然挖到寶，應該奉獻出來！來，道一句！」聽老和尚這麼一說，大家你看我、我看你，就像是說：「挖到寶的不是我，你們有哪位挖到的？趕快拿出來，否則真沒面子！」經過一陣眼目傳神後，這群平日談天說地、講經論法頭頭是道的年輕學子們，誰也拈不出一偈、半偈來。

當大家面面相覷、默然無語，氣氛壓得大家有點坐立難安時，忽然一聲「南無阿彌陀佛」從一位比丘尼口中迸出來！大家猛然回頭，將注意力投注到這位中年比丘尼身上，看看是何方神聖作此獅吼？隨即將注意力又拉回老和尚身上，想由老和尚這裡覓個消息！只見老和尚搖搖頭，指著前面一位小孩子說：「這句，連三歲孩子也說得！」

接著，又恢復寧靜死寂的狀況。只見老和尚目光炯炯，似乎在探尋：「到底誰把寶藏起來不肯示人，到底是誰？」「來！道一句，道一句。」老和尚像似身經百戰的老將，兵臨城下，在那兒叫陣。大家在老和尚凜冽眼光與堅決有力的鞭策聲下，個個噤若寒蟬，連呼吸都覺得緊張。這氛圍令人覺察到：這不是書生論戰，而是真槍實彈上陣，沒有真功夫、真本事是上不了戰場的！

有位坐在前面的比丘，大概是被老和尚盯得渾身不自在，他搖動一下身子、揣摩一下，然後壓寶似地擠出一偈：「過去心不可得，現在心不可得，未來心不可得！」老和尚表情淡然，轉過來面對這位比丘說：「我們關起門來說話，你不要以為這件衣服（指著自己身上所穿的僧服）可以隨便穿的，要真正穿得起這件衣服可不是容易的！」接著又是一陣寂靜。

老和尚見大家拿不出像樣的貨色示人，乃緩轉其咄咄逼人的眼光，和顏悅色地說道：「古人打佛七，要在剋期取證；若是到時候拿不出東西來，那不變成『打佛吃』了麼？（即打著『念佛的招牌』吃飯）」歇一口氣，老和尚又說：「打佛七，想挖寶，這是貪；來我這裡，又想挖點什麼走，這也是貪！」

老和尚話未說完，底下就有兩個人在那兒交頭接耳，似乎在議論：「我們挖不到寶，老和尚要我們把寶奉獻出來；老和尚自己有寶，還要我們的，這不也是雙重的貪心嗎？」話剛說完，老和尚似知非知的接著說：「若是聽懂我所說的，擺在眼前的，他就拿得到；若是聽不懂的、不識貨的，就是雙手捧到跟前，他也得不到！」

老和尚話未說完，忽然有一位年輕人問道：「老和尚，您有念珠嗎？」老和尚回說：「沒有！」他見老和尚身上真的沒念珠，一時間似乎覺得這齣戲演不下去了！

然後，他側身見懺公手上拿著一串小念珠在那兒念著，於是箭頭轉向懺雲法師問道：「這位法師，您有念珠嗎？」「有！」懺公堅定有力地回答。年輕人老大不客氣地說：「請您把念珠給我！」懺公回說：「我在念的，不能給你；我要給你的，你不能丟掉。」「念珠拿來！」年輕人手伸得直直地、不客氣地要求。

言猶在耳，老和尚忽然指著年輕人說：「你現在念的就是！」言畢，年輕人頓息驕慢之氣，低下頭默然無語！

宗昂居士在其文末結語：「兩位法師出廣長舌，一個由空入有、一個由有轉空，配合無間，真令人讚歎！」相信懂得挖寶的「旁聽生」們，自是法喜充滿、滿載而歸！

哲學大師　皈依座下

民國六十六年三月二十六日，學貫中西、精通華嚴思想、享譽國際的哲學大師方東美教授，由林蘇民醫生、門人劉孚坤副教授等護送，專程到承天禪寺皈依廣欽老和尚。

一位桃李滿天下的飽學之士，歸投在一個不識字的老和尚座下，真的是一件非比尋常之事！方教授在當時的國際學術地位崇高，他一生鑽研哲理，尤精於佛教的華嚴世界，並認為大乘佛學就是哲學中的最高境界。

方教授生於清光緒二十五年（西元一八九九年），與佛法結緣始於民國二十六年十月；因抗戰軍興，中年的他隨任教的中央大學由南京遷居四川重慶沙坪壩。客居四川期間，他有一年因病到峨嵋山（普賢菩薩道場）養病；寺廟裡只有佛經，沒有其他報章、雜誌與書籍。他一個讀書人，沒東西可看就讀起佛經，愈讀愈有味道；從此以後，他就沒有離開過佛經，並以一位哲學系教授的身分對佛學進行深度的研究。

當天，在皈依典禮上，方教授暗自揣想：「以我一介畢生鑽研東西方哲學、通曉佛教華嚴思想的學人，不識字的老和尚會給我取什麼法名呢？如果能取名為『傳聖』（傳聖人之學），哪該有多好啊！」想不到，老和尚似乎同步收到他的「念波」；他隨即聽到老和尚桌子一拍，開口說道：「法名『傳聖』！」

老和尚此等超越哲學思維與邏輯思辨所能詮釋的「他心通」，想必令這位一生講學不輟的哲學泰斗，驚喜交加地歸投於釋迦如來門下，成為一名正式的佛教徒，並有感而發地說：「今天是我方東美一生中最歡喜的日子！」

回溯民國四十二年，方教授對來從學於他的二十六歲學生徐業鴻（西元一九二七至二〇二二年；一九五九年出家，法名覺淨，字淨空）介紹佛經哲學時，說道：「佛是大哲、佛是聖哲，佛經是高等哲學，學佛是人生最高的享受！」處處表露出方教授對佛家智慧的高度推崇與由衷好樂！

方教授曾在參加夏威夷東西方哲學家會議之際（一九六〇年代），於接受訪問時表白他個人的學思心得：

我的家學淵源是儒家哲學（係清代桐城派古文創始人方苞第十六世族孫），受的思想方法訓練是西方哲學，衷心欣賞的生命情調是道家哲學，嚮往心儀的是大乘佛學。

自述學術歷程時，亦曾如是說：

我的哲學品格，是從儒家傳統中陶冶；
我的哲學氣魄，是從道家精神中醞釀；
我的哲學智慧，是從大乘佛學中領略；
我的哲學方法，是從西方哲學中提煉。

而當面對「千古艱難惟一死」的人生期末考，方教授迴光返照、向上一著，以超越世智辯聰的大智慧，選擇依止三寶作為出離生死苦海的舟航！皈依不久，方教授即於該年七月十三日辭世，享壽七十九歲。「我自空中來，還向空中去；空空何所有，住心亦無處。」此偈作於五月四日，為方教授纏綿病榻最後遺墨之一！

民國六十一年（西元一九七二年），方教授在告別杏壇的燭光惜別晚會上，有感而發地說：「我的孩子沒有繼承我的學術生命，我只有心智上的後裔。」這位在杏壇辛勤耕耘超過五十年的偉大學者與教師，將他的精神傳承給無數後生，其生命智慧結晶得以薪傳不絕！

民國六十二年，方教授自任教二十五年的臺大哲學系退休；退休前，曾熱心指導臺大哲學系研究所碩士班的楊政河居士完成其碩士論文《華嚴法界緣起觀之研究》（民國五十九學年畢業）。楊居士畢業後，留校任教哲學系，並擔任臺大佛學社團晨曦社靜坐課之指導老師。

約在民國六十六年期間，他曾帶領晨曦社社員以朝山方式拜謁廣欽老和尚。在某一週六深夜，師生一行十多人自臺北搭乘公路局夜班車，至今承天路口下車，再摸黑步行一段田野小路後，方抵承天禪寺山腳下；隨即三步一拜，於念念佛號聲中，一步步朝承天禪寺緩緩移近。大夥於半夜抵寺，於大殿禮佛畢，先稍事休息；俟清晨時分，再拜見廣欽老和尚，並求請開示。老和尚很慈悲，逐一為大家摩頂「授記」，並說道：「你們將來都會出家！」

或許，老和尚所謂的「出家」未必是指真現出家僧相，但可以肯定是指「出」離三界火宅之「家」！

佛光師生　北上叩鐘

依據〈無處不自在的水果法師〉一文（未註明年分與作者），可能在民國六十七年四月九日（週日）下午，佛光山中國佛教研究院研究部的學生，在藍吉富老師的帶領下，專程來到承天禪寺「叩鐘」，請廣欽老和尚為他們師生提點修行之道。

我覺得一個新出家的人，應修一段苦行，也就是要粗衣淡飯、勤勞作務，不管是揀柴火、挑水、種菜、煮飯等，你都要做；多做苦工，智慧就易開。一個初入門的人，要把心安住，最好的辦法是一心念阿彌陀佛。

老和尚開門見山，直指修行心法給在座的後學參考，並指著身邊的弟子說：「我平時教他們也是一心念南無阿彌陀佛。」

依嚴法師問道：「請問老和尚，修苦行是指做什麼事情，才算修苦行呢？」

老和尚答道：「一切都不計較，日常生活中不起分別心，就是修苦行。」

大家都覺得老和尚的回答很特別。

慧根師接著問：「請問老和尚，您對研究教理有何看法？」

老和尚答：「沒有什麼看法，我覺得很自然；你們以研究教理弘法，我以修行弘法，一樣嘛！」

從智法師問：「請問老和尚，您過去修行、閉關，遇到不順利的時候，您如何對付？」

老和尚答：「要有信心，在自心深處要有一個依止。」

從智法師再問：「閉關時，在吃的方面，是否要愈吃愈少呢？」

老和尚答：「不是的！要順其自然，也就是要正常。要無所掛礙，要『無我』才是閉關；如有『我』、『吃多少』的觀念，那就不是修行，而是執著了。」

從智法師續問：「我閉關時，有時是不想吃，所以不吃。」

老和尚答：「故意不吃，火氣會上升，不能修行。『不想吃』的念頭起來了，那還是執著；不想吃，是有一個『你』不想吃。」

來者又問：「有時不吃，反而覺得很輕鬆安適？」

老和尚答：「那只能輕鬆幾天，是暫時的現象。因為我們還未到一心不亂、一念不起的境界，所以執意不吃，身體會虛弱下來。」

經過如是一連串的問答後，正當大家都在靜思老和尚剛講過的話，忽然又有人開腔了。

慧智師問：「聽說老和尚是吃水果度日……」話未說完，老和尚就答說：「現在沒有吃水果！民國卅六年，我從大陸來到臺灣，在山中修行；就從那時

開始到八十四歲，這中間都是吃水果。現在是方便，（隨緣）吃素食。」（一內文字為編撰者所加，以下皆同）

慧智師又問：「請問老和尚為何動念頭要吃水果呢？」

老和尚答：「因為在山上沒有東西吃，當然只有吃水果！」話一說完，引來滿座人哄堂大笑；「我不是故意要去吃水果，有時沒有水果，喝水也是過了一天。」老和尚據實以告的答案，完全顛覆了請益者原先的想像！

從智法師問：「聽說老和尚當初是在山上迷失路途，找不到東西吃，才吃水果的？」

老和尚答：「對的！山上沒東西吃，又沒有天人來供養，只好找野果子來充飢。」

慧淨師問：「光吃水果，身體能否支持得住？」

老和尚答：「支持不住也要撐！有水果吃就不錯了，哪裡還想得到支持得住，或支持不住？」隨即在臉上露出了逗趣的表情，再度引發現場大眾會心的一笑！

大夥問完了與「民以食為天」有關的「安身之道」後，轉而由藍老師提出與「安心之道」有關的問題。

藍老師問：「您是否還每天坐禪？」

老和尚答：「我方便（而行），現在每一項都有（做）喔，包括吃飽、睡覺；睡醒了，就在竹椅上坐坐。想睡就睡、想吃就吃，無處不自在！」聽老和尚講話，總讓人覺得既風趣又親切！

慧嵩師問：「打坐要從何學起？」

老和尚答：「從觀自在學起。」又是個令人眼睛為之一亮的答覆。

又問：「您是否走禪宗路子？」

老和尚答：「不是！我偏淨土，念南無阿彌陀佛。」

慧明師問：「請問老法師，念佛有何竅門？」

老和尚答：

無有一竅，但看己心！有的人不會念佛，要〔求〕壽命長，求壽命長有何用？只是多一些時間去造業。會念佛的人，心與佛同；多一年壽命，就多一年的無量壽佛。

慧根師問：「弘揚佛法，在現在這個時代，應以何種方式較為中肯？」

老和尚答：「唉！剛剛講過了，你們是以讀書弘法，我是以念佛弘法，〔兩者〕都需要。」

從智法師問：「聽說這裡要重建大殿？」

老和尚答：「信徒們發心要建，就給他們建，我沒有掛礙；我不會高興，也不會嫌煩！」

如此「超然物外」的回答，讓提問者一時不知該如何接話；所幸，有人打破沉默的氛圍，轉移了話題。

有人問：「開始打坐時，妄念很多，如何對治？」

老和尚答：「妄念多，就是業障。去〔除〕妄念，〔以〕念佛較〔容〕易；

另外俗緣要少，也很重要！」

藍老師問：「有一種人信〔仰〕外道，但做人很好，請問他將來會〔投生〕到哪一界？」

老和尚答：

這是〔出於〕你們的分別心〔而有的問題〕。我的看法是看每一個人都一樣，每一種宗教都有它某種程度的好處，都對社會有某種程度的利益。這不是你好、我不好的問題，而是層次上的問題。

又是一針見血、持平客觀的高明之見！

接著，老和尚反問：「度眾生，要如何度？」這突如其來的一問，令大家有點不知所措！不等大家回應，老和尚乃自行代答：

這個「度眾生」真不容易！我們把慈悲心發出去，他要肯接受，才會受我們度〔化〕；他不接受，就無法〔得〕度。所以一切要自自然然的，要他看到我們歡喜！度眾生要隨緣而化、慈悲為懷，度眾生是順其自然的，所以這個

「緣」就很重要了。

慧智師問：「請問老和尚對『了生死』的看法？」

老和尚答：「了生死？喔！那談何容易！不過，了生死有比較容易的辦法，就是念佛啊；但不要以為念佛容易，一念疏忽，就會想睡的（昏沉）！」

有人問：「如念佛念到想睡時，怎麼辦？」

老和尚答：「想睡就睡呀！」

蔡月秀問：「有的人念佛是要了生死，但有的菩薩是要乘願再來。您對這兩種人的看法，有何不同？」

老和尚答：「我的想法是，各人的願力不同。我請問，你們讀書是否有一樣的願呢？」又是一個令人心服口服的回答。

藍老師問：「修行到某種程度以後，對於往生西方是否能夠自己（預先）知道？」

老和尚答：

只有到臨死時才知！人人都可成佛，只是業感不同，故有早晚不同；人身難得，要努力修行。地獄、畜生，都是自己要去的；成佛作祖，也是自己作的。要成佛，一定要經過人這一大劫；（大家）要把握機會，好好修行。

依廣師問：「念佛號是否也是執著？」

老和尚答：

執持名號不是執著，因執持佛號可得正念。如有一點散心（雜念）或名利之心，那就是執著。

又問：「一直要念佛！一直要念，是不是執著？」

老和尚答：「這也不是執著，（而）是精進。」

慧明師問：「有人說，念佛會著魔，請問這是為什麼？」

老和尚答：「這是你有此念頭，才會著魔；你心不專，才會著魔。」

常殷法師問：「念佛如有散亂心，怎麼辦？」

老和尚答：「唯一的辦法就是繼續念，把全付精神投擲到六個字（南無阿彌陀佛）裡去，就對了！」

藍老師問：「您對『帶業往生』的看法為何？」

對這頗有爭議的問題，老和尚答：

帶業不能往生！經典中之「帶業往生」，不是一般人想的那樣。你有願心要往生極樂世界：臨終時，如業力大於念力，那還是不能往生，但會因你的願力而轉為人身。再繼續念，如此轉了幾轉，一直念到你的念力大於業力，就能往生。

由此看來，老和尚並不否定經典中有關「帶業往生」之說，但前提是念佛者「具足信願行」，且臨命終時「念力大於業力」，正念現前方能往生。反之，如果臨終時「業力大於念力」者，還是不能往生；不過，因著願力所驅，來生有機會得人身；若能持續用功念佛，仍然可以往生。

依恆法師問：「如轉生時，生在一個基督教的家裡，那是否就不念佛了？」

老和尚答：「不會的！時候到了，他的願力會促使他念佛；有願力的種子，即可促使他念佛。」

蔡月秀同學問：「有人很有修行，但臨終時還要遭受病苦或意外！您對這個問題有何看法？是否可解釋為『定業難轉』？」

老和尚答：「可以說是『定業難轉』，也可以看作是『乘願還業』。」

或問：「有人會說，他那麼有修行，難道不能以修行之力克服業力嗎？」

老和尚答：「我可以說，就是有修行，才會遇此苦難挫折！這正是他修行的功德，使事情在這一次就解決了。」

老和尚隨機提醒「一心念佛」的重要；而他的「乘願還業」說，確實令人耳目一新、跳脫「定業難轉」的舊思維！

宏意法師問：「在《阿彌陀經》上，有『不可以少善根福德因緣，得生彼國』之句：為何您說只要專心持念佛號即可呢？」

老和尚答：

只要「具足信心」，那福德因緣就一切具足了！現在的問題是你的信心，到底是什麼樣的信心？是相信的信心？是每日三、五萬聲佛號的信心？是將全付生命投注下去的信心？是一心不亂、一念不起的信心？……你自己具備了哪種信心？你自己應該知道，是否福德因緣具足了？

又是連珠炮般振聾發聵的現證量言教，卻也冥契經典中聖教量的教導，如不識字的老和尚，以真修實證的體驗，宣說蘊含在佛經中的甚深微妙法；《大智度論》云：「佛法大海，信為能入，智為能度。」原來，在他的心中自有一部自性三藏法寶！

這一趟「叩鐘」之旅的迴響，讓「以讀書弘法」的佛光山中國佛教研究院師生，對於這一位「以念佛弘法」老和尚，有了更真切、鮮活的認識；其風趣的談吐、無礙的辯才，以及婆心懇切的誨勉，在在展現出一位高僧的風範！當然，更重要的是，老和尚有關修行的提示，不只令他們師生心開意解，也激勵彼等在修行上的堅定信心。

示現病相　眾請住世

根據〈廣欽老和尚雲水記〉的記載，大約是民國六十七年，老和尚一度法體違和、示現病相，並表明有意撒手西歸。

寺裡大眾獲悉老和尚萌生捨報的念頭，莫不惶恐以對、想方設法慰留，特地延請名醫上山為老和尚看診、治療。原先，老和尚因不願勞煩大眾故未接受；經過寺眾再三懇求，他才勉強答應讓醫生診斷。

醫生畢恭畢敬地把完脈後，臉上露出若有所思的表情；為求慎重，又連續把了幾次脈，仔細地揣度、思量。終於，他說道：「老和尚脈象迴異於常人，可是卻查不出是有什麼病？」言畢，老和尚即笑笑地指著胡跪在地的徒眾們，跟醫生說：「他們都有病，你順便給他們看看！」

老和尚出人意表的「神來之語」，讓原本為他憂心忡忡的大眾猛然醒覺：「原來真正有病的人，是我們自己！」而老和尚隨機的幽默點化，更令他們靦腆相覷、啞然失笑。這場景，不禁讓人聯想起《維摩詰所說經》中一幕鮮活的畫面——

文殊菩薩代表世尊問候示疾的維摩詰居士：「居士是疾，何所因起？其生久如？當云何滅？」（您的病怎麼引起的？您得病多久了？您的病怎麼樣才可以治好？）

維摩詰言：

從癡有愛，則我病生。以一切眾生病，是故我病；若一切眾生病滅，則我病滅。所以者何？菩薩為眾生故入生死，有生死則有病；若眾生得離病者，則菩薩無復病。譬如長者，唯有一子，其子得病，父母亦病。若子病愈，父母亦愈。菩薩如是，於諸眾生，愛之若子；又言是疾，何所因起？菩薩病者，以大悲起。

維摩詰居士藉一己之病告訴大家：菩薩具大悲心，愛護眾生如子；不忍眾生因貪、瞋、癡等煩惱纏縛而致病，遂為度生而慈航倒駕、示現人間，所以也會有色身的生死。因為有生死，所以會生病；一旦所有眾生得度解脫，身病、心病皆無，菩薩自然就無病。

不識字的老和尚用簡單的一、兩句話，就演繹了經典中的甚深微妙義；亦說明了，佛法修持不能只停留在經文上的尋章摘句，而是要如實在心地上下功夫。所謂「佛門無量義，一以淨為本」，心地清淨、內明開顯，無師智現前，所言皆自性流露之智慧心語！

據說，老和尚先前曾透露，他往生時當示現病相，以此惕勵信眾：「娑婆世界太苦，怎堪蹉跎！」當把握命光，及時用功修行，俾早日脫離苦海。此乃老和尚的慈悲，善用他住世的最終機緣，為眾生開演「人生最後的一堂課」。

風聞老和尚法體欠安，上山請安、關心的人潮絡繹不絕；懺雲法師與隨從的四眾弟子，也急忙上山「請佛住世」。當時隨行的宗昴居士，有如下描述——當看到老和尚時，只見他老一會兒咳嗽、一會兒吐（又不見吐出什麼東西來）；有時又咳得一句話要分作好幾次講，而且身體隨著咳嗽，前後搖晃得很厲害。看到他老人家如此，大家心裡都有一些不忍！

懺公及大眾皆懇求老和尚慈悲，應以苦難眾生為念，多住世幾年。老和尚說他作不了主；他這個身軀如破舊的瓦房，即便勉強維持，颱風一來也是經不起考驗的；不如早點走，換個鋼筋水泥之身再來，才可大弘法化。大家極力勸說：「老和尚這一去、一來，前後至少要二十年；這二十年，人天喪失眼目、眾生失去依怙，還是請老人家多留幾年！」老和尚說他丹田無力，說話有氣無聲，無法應眾生所需，勉強留住也沒意思。大眾又說：「老和尚住世，只要靜靜地坐著，無形中即可增長大家信心。」就這樣你一句、我一句，直至午齋時間到了，老和尚依然說他作不了主！

懺雲法師於是決定在承天禪寺為老和尚舉辦「消災延壽藥師佛七」，為老人家暖壽。由於懺公持午，遂匆匆趕往齋堂；大家也懷著忐忑不安的心情，陸續前往齋堂用餐。沒多久，一位比丘尼很興奮地跑進齋堂，忙不迭地在懺公面前說：「懺公慈悲，老和尚答應不走了！還得請懺公來打佛七，不過老和尚說最好打阿彌陀七。」

這個天大的好消息，一掃大家心中的陰霾，代之而起的是興奮莫名、開懷不已的心境；管它是藥師七，還是彌陀七，只要老和尚願意住世，打什麼佛七都可以！大夥頓時胃口大開，滿堂氣氛歡愉！更有人迫不及待地上樓探視老和尚，只見他老人家悠遊自在地在室外散步，一派輕鬆自得，彷彿啥事都沒有發生過！

然而，民國七十年（西元一九八一年）正月，老和尚由於連月來每日應客說話，身體疲乏至極、中氣虛耗；加上日前聽聞樂果老和尚（西元一八八四至一九七九年）已於香港示寂，遂再度興起往生之意。聞訊，承天禪寺常住眾莫不愀然！

該月二十一日（農曆）早上，面容肅穆的當家傳悔師搭衣持具，領眾至和尚寮，恭請老和尚慈悲住世並禁語調氣養身。老和尚領受寺眾心意，惟在禁語前，猶苦口婆心叮嚀僧眾：在他禁語期間，每個人要各安其分、善盡職事，與大眾和合共事，齊心為常住努力。「凡事須懺悔自己的不是，要修忍辱、不要起人我是非的爭執；這樣常住平靜無事，師父禁語才能放心！」接著勉勵大家，出家修行就是要斷除無始以來的慳貪習氣，要能淡泊吃苦、捨口腹之欲；要愛惜常住的東西，能惜福、習勞以節省常住的花費！

老和尚語重心長地說：

現在寺中的諸位，都沒有貪念；而且每一位都很盡心自己的職務，都很為常住努力，所以護法諸天都在擁護我們！否則師父每天就坐在這裡，自自然然地，也沒有做什麼佛事，憑什麼建道場？並且大家都能平平靜靜地修行？按照目前這種情況下去，對承天寺也有個好處，就是在未來的劫數變動中，承天寺會免過這個劫難！

知客師懇求說：「請師父住世度眾生！尤其寺中這批新出家的，仍然需要師父的引導。」

老和尚說：

度眾生？現在的人，越來越奢華、貪念熾盛，離佛法越來越遠；眾生那麼多，要度怎麼度得完？師父不識字，但是你們卻能跟隨師父修苦行、都很孝順師父，依照佛法認真在行。師父也儘量維持這個色身住世，但色身終是有壞的一天；等到這個假殼子不能再住時，我也無法勉強！

最後，老和尚又接著說：

今日起，我就禁語，交代大家的一些話，切要記得！彼此要含忍合作，凡事都須慚愧自己的不是；切不可責人〔之〕非，致生爭端。大眾和合，清淨修行。

曉雲親炙　十方續緣

大約在民國六十四年至七十三年春季這段期間，蓮華學佛園與華梵佛學研究所創辦人曉雲法師（民國元年至九十三年，西元一九一二至二〇〇四年）（註三）曾多次帶領蓮園師生（有出家與在家二眾）參訪承天禪寺，禮拜老和尚並恭請開示修行之道。

此外，她偶爾也會偷閒抽空偕同兩三位研究生，輕車簡從地到承天禪寺親炙老和尚；坐在老和尚身旁，聽聽他那「有聲似無聲」的法音；仰止老和尚那種「沒有什麼事，就是這樣如是如是」的神態。而每次回到承天禪寺，總受到老和尚弟子們的殷勤接待，更讓曉雲法師覺得好像回到如來之家與家人相見般的親切！

曉雲法師最初一次參拜老和尚，是由鄔餘慶老居士協助安排、引見。當次，老和尚曾指著曉雲法師，勉勵她說：「佛法無男女相，妳要好好負起責任來……」因為，她肩負著發展現代佛教教育的使命。民國四十七年冬，游雲山女史寰宇周行後披剃，旋即從一享譽藝壇的女畫家，搖身一變為以「發願終身參究佛陀覺性教育，誓為佛教教育拓荒之耕牛」自許的比丘尼！

民國七十一年（西元一九八二年）十一月二十三日，曉雲法師率領第五屆蓮華學佛園師生參禮老和尚。老和尚開示云：

念佛心時心是佛、是戒、是禪，是念念淨化；真心是不生不滅的，要用念佛來找它。

又說：

佛乃沒有相，佛是無相的；念佛乃無相，佛在心頭。相是供在佛桌上的佛菩薩，並非是真佛，不過借此而引發我們的自性佛。

曉雲法師對老和尚說：「我想做一條牛。」老和尚答說：「做牛也不簡單。」最後，當大眾頂體告退時，老和尚問：「你們要到那裡去？」曉雲法師答：「去無去處去。」一問一答間禪機妙應，亦唯見性者方能悟得箇中端的意；而在一旁的蓮華學佛園師生則如沐春風，接受了一堂沒有課室、沒有書本的教化。

曉雲法師師生最後一次拜見老和尚，應是在民國七十三年二月九日的新春旅遊；當天老和尚在承天禪寺地藏殿接見她們，並應請為彼等開示。老和尚先是破題，點出「出家」的要旨在於要有願心，能捨身吃苦。他說：

在臺灣，出家的人比較多；若是在大陸，則不容易出家。在臺灣出家，佛祖度他；在大陸出家，不是為好命、享受出家的。出家沒有說要〔吃〕多少的苦，要捨身、要粗衣淡飯，這完全在於自己的願心。

捨身，是指要捨棄色身對於衣食住等物質需求的貪執！

接著話鋒一轉，針對面前這群正就學於蓮華學佛園與華梵佛學研究所的學子，要她們反思：「出家了，又去讀書的意義？」緊接著，老和尚又來一個大哉問：「讀書讀到最後，怎樣？你們在家、出家又〔沒〕吃過苦，又讀書，要拿什麼願出來？講給我聽。」又繼續問道：

出家，粗衣淡飯，無〔色聲〕香味觸法，才能開我們的福慧，才有戒定慧；沒有吃苦，讀〔再〕多書〔只會〕更加散亂。讀書是好，〔但〕將來拿出什麼願？做佛菩薩都是願成的！

「我們在學園，導師教導教觀並重，自己種菜、典座。」一位研究生很禮貌地回應。

修行是不簡單，修行要無人、無我、無眾生、無壽者。我來臺灣，空手而來、無住處，隨處住在樹林、天然山洞，非常自由。出家只要吃得了苦，天龍八部、韋陀菩薩來擁護。我什麼都沒有做，坐在這裡，但一切都是自然的，十方都來擁護。

老和尚以自身修苦行的經驗，勉勵年輕學子只要肯真修苦練，自然招感龍天護法的相助。

老和尚剴切囑咐學子們：修行要能捨身、吃苦，隨時心繫佛號、正念現前，才有可能成就佛道；他說：

是要捨身，死了才再活；病苦就病苦，自己還是自己。你們無論如何都是以念佛為最要緊，一句彌陀便可到西方。我什麼都不會，一切是天龍八部擁護，最主要是念佛！

對於「出家讀書」一事，老和尚並非反對，但他一再警惕：「你們不要越讀，散亂心越多、越執著；本來沒有東西，越讀越多、越有執著（讀大學讀越多，頭腦更被凍結）！」如何避免「越讀，散亂心越多」呢？老和尚認為有心要出家者，要發願捨身精進、念佛提起正念；不然，若讀書只是向心外追求知識，就難免落入莊子所喟嘆的「吾生也有涯，而知也無涯。以有涯隨無涯，殆已；已而為知者，殆而已矣」的心神疲困窘境。「最重要是『（念佛）提起正念』，就不會起散亂心。」這是老和尚所提出的對治方法！

末了，老和尚又回歸到出家的要旨，在於要有願力，切莫一味地心往外追求；而是要善用心念佛，念到心淨就是禪，就會自在。「要趕快念佛去見佛陀，不要再來輪迴生死、受世間苦，要堅固道心。」這是老和尚當天開示的結語！

除了上述的指點，於民國一百一十一年印行的《廣公上人事蹟續編》（附開示錄．行持語錄），其中收錄了三則廣欽老和尚對曉雲法師的開示，謹條列於下——

一，臺灣出家很普遍，大都是受了教育來出家。大陸出家是了生死、行苦行，學佛菩薩的苦行來出家；大陸出家要先修三年苦行，吃苦才能解脫。我們現在出家，在食、衣、住上不要貪戀、不要像在家一樣，才能修出福慧；粗衣淡飯，才能了生死！

要學佛的福慧，三寶即「佛、法、僧」：「僧」就是要好好地修，要淡泊才能修戒定慧。念佛定來就是禪：初學佛入門就要念佛，心心不離佛；心定就是禪、有佛有淨土，初步是訓練身、口、意。我們出家了，就要找那個不生不滅的東西；在念阿彌陀佛中，一面做苦工，頭腦才不會亂想。

二，我們來時是迷，要去的路簡單說即是「念阿彌陀佛」。

三，我們是帶業而來，但不要帶業而去。出家要上報四重恩（即父母、師長、眾生、國家恩），下濟三途苦；出家要能好好修得解脫自在、無掛礙，才有所交代。

民國七十三年，繼蓮華學佛園師生參謁老和尚不久的四月一日上午，《十方》月刊的同仁們冒雨搭車上承天禪寺拜謁老和尚，請教有關創建禪修道場的意見。一行人在風雨中抵寺，知客傳顗師馬上放下手邊有關當天法會的職事，引領他們到地藏殿拜見老和尚。

大夥從數年前（民國六十四年）老和尚開示的「不是佛法衰，而是人衰」談起，和老和尚進行了將近四十分鐘的談話。當天對話內容，在署名「守如」所撰寫的〈廣欽老和尚如是說〉中，有非常詳實的記載。

老和尚先說：「人為何衰？因為不肯持戒，不在行住坐臥中用功。」出其不意，他反問大家：「人從哪裡來？」眼看沒人答腔，他只好自問自答：「胎卵濕化。」此問，或許是老和尚要讓現場請法、聞法者，先破除對人身我相之執取。

《十方》月刊同仁雖然明知，老和尚對於向他請教有關禪修經過者，最常見的應答老招式就是說：他學佛從淨土入門，只會念「南無阿彌陀佛」六字洪名，也以此法門教人；事實上，這是他老人家的慈悲方便法！蓋念佛法門三根普被、利鈍全收，乃處五濁惡世眾生最為當機之教；試問：「不說淨土念佛法門，又說什麼呢？」惟他們仍「明知故問」，鼓起求法勇氣，持續向老和尚提出有關習禪的問題。

問：「老和尚禪淨雙修？」

老和尚：「我念阿彌陀佛。」

問：「一般說來，禪淨雙修，是否容易相應？」

老和尚：「在我沒有分別。如果強調禪，還有我相，一開口就有個我。」

問：「假如有人要學禪，您老人家如何教法？」

老和尚：「禪不是教的，各有根器。」

問：「德行好的人，是否容易體會到禪？」

老和尚：「這個我不知道。承天寺是自自然然的，這裡住這麼多人，我沒有感覺在度他們。」

問：「要他們自力自度？」

老和尚：「這不是用講的，一個鐘打下去，大家都聽得見的。」

請益至此，老和尚精彩的開示，吸引了一大群人「旁聽」；或近或遠、或蹲或站，個個都恭敬聆聽、肅穆以對。可是，有備而來的月刊同仁，他們想問的問題卻還沒開始呢！

問：「假如有一批年輕比丘，精進發心，希望接受一種理想的僧團教育，將來能光大佛教。老和尚有何指示？」

老和尚：「有一些大法師可以辦僧教育，培植人才；我年紀大了，要做也是來生的事了。」

問：「有的（人）其實只要您老人家點化一句兩句就夠了！」

老和尚：「像我坐在這裡，嘴巴講『我要度眾生』，如何度呢？」

問：「我們要身心變化得快，最好像您老一樣，經常打坐？」

老和尚：「你現在跟我講，我才知道我在打坐。」

問：「僧團的修持，在山林、在都市有什麼不同？」

老和尚：「起先宜在山林修；過了一段時間以後，不只在都市中，街頭都可修。」

問：「假如辦一個佛教教育機構，或一個禪堂，是在山林好呢？還是在都市好？」

老和尚：「不要說我們要做什麼，還有色相，還有執著。」

問：「您老人家在這裡方便說法，還不是辦教育？」

老和尚：「這個承天寺也不是我的！如果是，我就成了守廟的廟公了。」

提問者覺察到：老和尚似乎不願被「教育」這個名相所框限，也不肯多談「執著色相」的有為法！於是臨機應變，改以承天禪寺現成的僧教育為話題，繼續發問。

問：「這裡有幾單出家眾？」

老和尚：「四、五十單。」

問：「您老人家如何教他們用功？」

老和尚：「隨他們自己用功，要修苦行；每晚有一支香共修，念佛拜佛。」

問：「如何度日？」

老和尚：「粗茶淡飯、自耕自食。」

「這是百丈清規的規矩。」

「規矩一立下，大家都要這麼做。」

問：「百丈清規在這裡有無補充？」

老和尚：「沒有。」

「年頭不一樣了，怎麼可能都一樣呢？」

「從前出家和現在出家是不一樣了。」（意謂：兩者主客觀條件皆有異，但基本的修行綱要與精神則不變）

問：「除了規矩以外，有沒有教他們看些經典？」

老和尚：「有，要看經才知路頭，我教他們看《心經》。」

問：「還有呢？」

老和尚：「《心經》的包容很大，要自己去體會、自己去行，到了自然明白。」

問：「《心經》中，哪一句話最為要緊？」

老和尚：「觀自在菩薩。」

問：「您老是拜地藏菩薩、行地藏大願的？」

老和尚：「我不知道，我懵懵懂懂！」

問：「有沒有教這裡的大眾都念誦《地藏經》、行地藏菩薩願？」

老和尚：「各人有各人的願力。」

問：「老和尚此生弘揚佛法，主要的大願是什麼？」

老和尚：「我一天到晚坐在這裡，也不知道自己在做什麼？」

問：「這是大禪師的作為。」

老和尚：「多大？最大也不過我的椅子那麼大。」

問：「同來的法師想修建禪修道場，老和尚是否能慈悲賜告一、二？」

老和尚：「我自己也沒有力量。」

有人說道：「有人來求，也是有緣，希望儘量滿願。」

老和尚：「有，人家來求我，我都方便。」

上述老和尚有關禪修的回答，真的是禪味十足，直令聽者回頭轉腦、即心領解！縱然他本身禪行功深，但回應禪修問題卻總是給出一成不變的「標準答案」，強調自己以「念阿彌陀佛」為本修法門。老和尚對門下弟子的教導，也是依據自身行持的經驗，包括念佛、修苦行；雖然他本身不看經書，但鼓勵弟子「要看經才知路頭」，並推崇《心經》所蘊含的廣大智慧！

由於他已證入《金剛經》所云：「無人相、我相、眾生相、壽者相」的境界，是現成的一尊「觀自在菩薩」行者，因此他說：「禪淨雙修，在我沒有分別。……你現在跟我講，我才知道我在打坐。」又說：「這裡（承天寺）住這麼多人，我沒有感覺在度他們。……承天寺也不是我的。」而對於涉及他個人行願的提問，則答說：「我不知道，我懵懵懂懂……我一天到晚坐在這裡，也不知道自己在做什麼？」箇中機趣，頗值得參思、玩味！

至於專程上山請教老和尚有關創建禪修道場問題的月刊同仁，雖未能得到具體的建議，但相信經此禪機活現的心靈饗宴後，大夥莫不法喜充滿、奉持法寶而歸！

普勸念佛　應機妙答

廣欽老和尚九十三歲時，雖牙齒早已掉光，然身體猶硬朗如昔、精神煥發，目光炯炯有神，令人不敢正面直視！駐錫承天禪寺晚期，每每有人探詢老和尚：「幾十年修行，證入什麼境界？獲得什麼三昧？」但見老人家只是搖搖頭說：「什麼功夫也無；年紀已老，沒有三昧，只是老實念佛！」

而自認為「不知道自己在做什麼」的老和尚，卻因著他的道範崇高、德望日隆，攝受了成千上萬有緣人上承天禪寺請法、求皈依。無論來者是男是女、或老或少，老和尚最常講的開示是：「念佛，不要吃肉！」簡明扼要的兩句話，為大眾揭示一條「出離六道輪迴之苦，當生成辦生死大事」的光明坦途。

老婆心切的和尚，每勸人念佛；若遇輕慢不從者，則耐心慈悲勸勉：

念佛也不是簡單的！必得通身放下，內外各種紛擾都要摒棄；一心清淨稱佛名號，然後才能相應。要能將一句六字洪名，念得清清楚楚、聽得明明白白，不要有一絲疑念；其他雜念自然消除，決定會證到一心不亂。如果你們信我的話，老實念佛，行住坐臥，不離這個，甚至在夢中都能把持得住，把一句佛號謹記在心，不為六根塵境侵擾；到了這種地步，自然心不貪戀、意不顛倒；等到功夫純熟，西方極樂世界自然現前。千萬不可掉以輕心！

又叮囑信眾，念佛修行當摒絕六根（眼耳鼻舌身意）、六塵（色聲香味觸法）的侵襲，天天念佛，念的是：「我要像佛，我要像佛！」日久功深，將來必定成佛！或問：「念佛如有散亂心，怎麼辦？」答曰：「唯一的辦法就是繼續念，把全付精神投到六字洪名就對了！」總而言之，死心塌地念佛就是通往西方極樂世界的「徑中徑又徑」——捷徑中的捷徑！

老和尚本身是二六時中心不離念佛。曾經有一居士請教老和尚：「要怎麼念佛？」老和尚馬上反問他：「你怎麼念佛？」居士答：「我有空的時候就念佛。」老和尚說：

你有空就念佛，沒空就不念，那你跟佛是點頭之交！你跟佛是點頭之交，怎能期望佛在你生死關頭來救你呢？來，大家把腳伸出來：哪一隻是佛腳？認不認得啊？要抱佛腳，連佛腳是哪一隻都不認得，那要抱哪一隻腳呢？你到底認不認識佛啊？

環環相扣的追問後，老和尚從容喝了一口茶，抬起頭來問道：「你看我有沒有被嗆到？」「沒有！」「我剛才在念佛，你知道嗎？」妙哉！老和尚教隨機施教，以「無言之言」向身旁這位居士「演說」如何在日用尋常、吃飯穿衣喫茶之際，念念心不離佛，真是頗能領略「創意教學」的箇中三昧！

另一樁展現老和尚絕妙教學天分的事例，緣起於寺裡某位出家眾自認為「我執」太重，卻遲遲無法突破，內心頗引以為憾！

有一天，這名出家眾忽然跑到老和尚面前，跪求師父慈悲，設法幫他解除「我執」之縛累。話才說完，老和尚居然不假思索，一口就答應，令他喜不自勝、感激莫名！

某日，正值寺內住眾為關照法會大小事宜而忙得昏頭轉向時，突驚聞老和尚在眾人面前厲聲喝斥那位出家眾。此誠一有違常情之舉，因為他們不曾看見老和尚在大庭廣眾前指責常住眾；若常住眾真有過失，老和尚多採私下和顏相勸之道。

過了一陣子，大家心中謎團仍尚未解開，卻見那位挨罵的出家眾整裝束包，淚眼汪汪地長跪在老和尚跟前辭行，預備告假離寺而去！老和尚輕輕地笑著說：「你不是要我幫你破『我執』嗎？怎麼才下一針砭對治，就想走了！」謎底揭曉，聞者如夢初醒，不禁破涕為笑、叩首而退。

由於老和尚慈悲開方便門，加上禪功高深莫測，雖年屆古稀仍勤於接引每日上山到訪的社會大眾。上山求見者，或請求皈依，或請求開示法要；或自視甚高，前來一較禪定功夫高下；或故弄玄虛，耽惑於神通；更有不肖之徒，企圖勒索錢財……形形色色，無奇不有！不識字的老和尚，以其不動如山的定慧，應答自如，妙不可言！謹擇數例，分述於下。

某日，有自詡禪定功深的某位教授，一大早闖入老和尚禪室，隨即不發一語，自個兒坐將下來，老和尚亦默然打坐以對。如是過了一段不算短的時間，這位教授開口了：「老和尚！您看我這是第幾禪？」「我看不出來。」對曰：「聽說您禪定功夫很高，我已到了第四禪，您怎麼看不出來？」老和尚答說：「我三餐吃飽沒事做。」然後隨手拿取一團衛生紙，嘴巴動了幾下後，轉過頭來問：「衛生紙在跟我講話，你聽到沒有？」聽得該教授一頭霧水、啞口無言，只好自討沒趣地知難而退！

又一天，有個人拎了一只「○○七」手提箱，神祕兮兮地上山，要求單獨跟老和尚見面；因為過去曾經有人來寺圖謀不軌，所以弟子不允許此人單獨面見老和尚。此人推說有要事請教，便自動靠近並附在老和尚耳邊，極度鄭重地問說：「老和尚！人家都說您有神通。您老實告訴我，您到底有沒有神通？」老和尚也「禮尚往來」，很神祕、鄭重地附在他耳邊用閩南語說：「我告訴你，我有吃就有通，沒吃就不通！」好一個既幽默又如實的回答。

下面這個例子，則反映出老和尚「八風吹不動，端坐紫金蓮」的超凡修為，誠非困縛於名韁利鎖之世俗中人所能企及！某一天，有位居心不良的新聞記者上山勒索，語帶威脅地對老和尚說：「我的筆是很厲害的，假如不給錢，就把你登一篇！」出乎他的意料，面對口出惡言的來者，老和尚淡定如常，平心靜氣地回應：

儘管登上去，隨你怎麼寫，我不要人家恭敬！人家恭敬我，我要天天念〈大悲咒〉加持大悲水；人家不恭敬我，我正好靜靜念阿彌陀佛。

就算該記者真有厲害的筆，一朝遇上安住於般若空性智慧中的老和尚，絲毫起不了任何的作用，也只能徒呼奈何、棄筆而逃了！

老和尚悲心廣大、願力弘深，自民國四十九年駐錫承天禪寺二十多年來，度眾無以數計；無論是對常住僧眾或是慕名請益的來客，乃至居心叵測的不肖分子，一律平等接引，普勸念佛，應機妙答；其不假思索、直從清淨本心流瀉而出之智慧法語，既契理又契機，每能令有幸受教者心開意解、幡然憬悟！

【註釋】

註一：懺雲法師（民國四至九十八年，西元一九一五至二〇〇九年）生於遼寧安東（今稱「丹東」），俗姓曹，諱會汶，自幼天性寬厚、仁善耿直。祖父親曹駿明曾任安東商務會長，以「曹國靖」之名行世，頗富聲望。祖母楊大蓮為虔誠佛教信徒，與法師因緣頗深。童稚時期，家境寬裕；直至父親罹病，家運乃中衰。

民國二十年「九一八事變」，日軍侵佔東北；置身國土危脆、家事紛擾困局中的少年曹會汶，倍感眾苦交煎、生命無所依止，遂萌生追求真理以期解脫之志。就讀中學期間與稍長赴日留學，先後因父病之故，兩度中輟學業以協助整理家業。民國二十六年，中日戰事爆發，法師與其大妹留守大連侍奉病父，日夜不懈地悉心照料。

二十四歲，以於大連商業學堂聽聞了因法師說法之因緣，皈依佛門。

二十六歲，於瀋陽慈恩寺修緣老和尚座下秉受五戒，即毅然茹素斷葷。

二十七歲，於安東居士林延請法師、居士拜《大悲懺》為父親消災解厄；彼時，於大連之病父夢見觀音菩薩化現之白髮老嫗，謂彼尚有冤業未解。父親彌留之際，法師於佛前發願：「若父親確有業債未償，當以佛法超度解怨釋冤。」於是覓得《蒙山施食》法本，練習施食法門。此後，法師以「放蒙山」為常課，祈願冥陽兩利、同霑法益，數十年而弗輟。

三十歲出家，就讀周叔迦居士創辦之中國佛教學院；此年禮澍培法師祝髮，屬禪宗「金頂毗盧派」下第三十一代，法名成空，號心月、字號懺雲。曾云：「寧為道死，勿溺塵亡；無量感傷，刺我心腸。回憶往事，多因妄想；消我重罪，得悟昔非。幸依三寶，未致歧羊；而今披剃，誓修定慧。願共眾生，同生西方！」該年（民國三十三年，甲申年）冬季，於北京廣濟寺受具足戒。

卅二歲於天津大悲院聆聽倓虛大師（西元一八七五至一九六三年）開示，謂學佛乃至辦佛法事業，「需有大悲觀音之心腸，維摩居士之辯才，彌勒、布袋和尚能容之肚皮，金剛菩薩嚴正分明之面目」。日後親炙慈舟大師（西元一八七七至一九五八年），直至民國三十八年自陸來臺前夕。法師於〈略述親聞慈舟大師數事〉中，言及慈老最令其感動敬服者，「為老人淳樸忠誠之態度，莊重安詳之威儀，堅定切實之信心，以及嚴淨勤苦之戒行」。又言，「老人示人，則常勸『持戒念佛』，言戒為佛家家法：熟處（塵習）轉生，生處（淨業）轉熟；知真本有，達妄本空。寧肯十年賣不出一擔真，不願於一日賣出十擔假。寥寥數言，皆可使吾人終身行之而有餘也！」

民國三十八年（三十五歲）八月下旬，因時局動盪，移錫臺灣；先在南北各地隨緣參方、研讀經論，解行並進、究明大事。四十歲，移錫高雄大崗山龍湖庵後山平房；爾後於各地隨緣弘法，與律航法師、李炳南、朱鏡宙、關世謙、朱斐等人喜結法緣。法師至誠禮佛、一心念佛之行持，與嚴守律儀（過午不食）之令譽，逐漸傳布南北各地之道場；而其所恭繪之「西方三聖像」莊嚴清麗，為流通全球之最廣者。

民國四十五年，與弟子至南投埔里觀音山、臺中太平鄉山間，搭蓋「印弘茅蓬」，以靜修用功為主；所謂「印弘茅蓬」者，蓋取尊崇「印」光大師和「弘」一律師之意也。自該年至民國五十一年，受邀膺任棲蓮精舍（臺灣第一間痲瘋病院「樂生療養院」佛堂）主七和尚；多年後，蓮友對法師慈悲濟眾之行誼仍感懷在心！

民國五十二年，偕弟子性因法師，至南投水里開山，闢建蓮因寺；間或應邀赴各地道場開示，念佛不輟、法緣日盛。民國五十五年，以大專學生上山求法之因緣，始開辦寒暑假齋戒學會，提倡山林道場叢林生活，著重早晚課誦等五堂功課：強調解行並重，鼓勵三學增上；由此培養正信青年、佛門龍象無數，道風遠播、影響社會風氣，貢獻良多！

法師與廣欽老和尚之法緣甚深！據承天禪寺所流通的《廣公上人事蹟初編》（二〇一九年增訂本），可知法師至遲從民國六十五年元月起，即經常帶領大專學子至承天禪寺向老和尚「挖寶」；民國六十七年起，為求老和尚住世，每年在承天禪寺主持佛七。老和尚亦曾多次讚歎法師引領青年學子信佛、念佛，對國家社會的安定貢獻很大！

法師畢生主持佛七百餘次，印經數萬冊。其開示編印成書的有《大乘起信論旨要略示》、《淨土要義》和《懺雲和尚開示錄》等，另編撰有《五戒表解》、《放生儀軌》及《日用偈咒及行法規儀》等。民國九十八年三月七日凌晨，法師安詳示寂於蓮因寺，身無病苦、相貌如生，圓滿其一生弘化之願行。

註二：民國五十五年，懺雲法師以中興大學學生求法之因緣，創辦大專生齋戒學會。每年利用寒暑假，讓與佛法有緣的大專男女青年至寺院體驗出家的梵行生活。最初的兩屆都在蓮因寺舉辦（男眾安住蓮因寺，女眾則夜宿附近鄰居家），爾後便男女分地舉行（男眾在蓮因寺，女眾則借嘉義縣番路鄉義德寺等女眾道場）。

懺公老和尚倡導山林道場叢林生活，落實叢林五堂功課：早課、晚課、蒙山課、早齋與午齋。齋戒學會之作息：每日三時半起板，四時作早課，六時早齋，十一時午齋；下午二時拜八十八佛，五時晚課，八時蒙山課。學員在暮鼓晨鐘、梵音繚繞中，親身體驗真正祖師一脈相傳的叢林生活。老和尚除自己講課外，上、下午並有解門課（延請諸方法師及老師授課），另安排有關經律論之專題演講。課程設計可謂統括戒定慧三學、解行並進，例如：受八關齋戒、扣幽冥鐘、法器梵唄練習、拜山等，以及日常生活、行住坐臥四威儀等修學規約。助使學員不僅學習佛法理論，並可體驗古叢林之清修生活。

早期的老參學長或出家或在家，因深為懺雲老和尚慈悲莊重的身教與言教所攝受，又經歷山林道場叢林生活的澡身浴德，心燈點亮，已如無盡燈之傳揚，一燈傳百千燈，早已遍布各地作弘揚法化之事業矣！

民國七十七年（西元一九八八年）幾位畢業女學生發心修行，蒙懺公慈悲指示到臺中租屋以為共修處所，並取名蓮音學苑。學苑住眾遵照齋戒學會叢林道風修行，並整理懺公開示、編輯《蓮音學刊》，協辦女學生齋戒學會。民國八十三年（西元一九九四年），蓮音住眾始蒙懺公慈允依止出家；惟當時因懺公年事已高（八十歲），故不再親臨女齋。民國九十一年（西元二〇〇二年），學苑遷入南投埔里福興地段；此後，即在該處舉辦寒暑假女學生齋戒學會及暑假兩期佛七，延續至今。

註三：曉雲法師生於廣州近郊之花地，自幼好靜，習以詩畫為友、玄思為伴。十八歲就讀香港麗精美術學院，精勤於書畫專業與詩詞古文之研習。廿二歲畢業後，任教香港天主教中學；不久，拜嶺南畫祖高劍父先生為師。抗戰期間，曾至廣東韶關南華寺拜謁虛雲老和尚，並跪請開示《心經》，喜獲禪宗「認路還家」之道。

抗戰勝利隔年，以任教廣西龍州國立華僑三中之因緣，展開六年的「東南行」：由廣西出鎮南關，經越南、寮國、高棉、新加坡、馬來西亞等國，抵達佛陀的故鄉印度。旅印近四年，主要是在泰戈爾大學研究佛教藝術，並教授中國繪畫，頗得該校中國學院譚雲山院長與藝術學院院長難陀婆藪的賞識。

民國四十年冬，自印返僑居地香港。先是任教於東蓮覺院（佛學院）並該學院附設之中學。民國四十二年，與聞天台四十四代祖師倓虛老法師《法華經》法筵，得未曾有之法喜！自此精研天台並大乘佛典，並恪遵天台教觀並重之行法，直至終老而不移。民國四十七年冬，結束參訪二十多國之寰宇周行後，現出家相；旋依止倓虛老法師座下，傳承天台法脈。法師發願終身參究佛陀覺性教育，誓為佛教教育拓荒之耕牛！民國五十六年，應張其昀先生之邀，於文化大學開授「佛教藝術」等研究所課程。應一旁聽尼師之請求，於陽明山腰永明寺創辦蓮華學佛園，時為民國五十九年。蓮園遵循古叢林教化之風，標舉「般若淨化思想、菩薩悲智精神」之園訓，期培養解行並進、教觀並重之女眾弘化人才；廣欽老和尚剃度弟子，亦有就讀蓮園者。曉雲法師對廣老之欽崇，吾人可從其多次帶領蓮園師生拜謁老和尚，感知其敬重之盛情！《廣公上人事蹟續編》（民國一一一年印行，頁一七二至一七三），收錄了三則廣老對曉雲法師的開示，則反映了佛門師長諄諄教誨、愛護後輩之苦心。曉雲法師創辦的華梵大學，在廣老圓寂後，持續得到承天禪寺的護持。今日之大崙山上，青山綠樹環抱的校園中聳立著巍峨的圖資大樓，一樓設有「廣欽老和尚紀念圖書館」；該館之命名，乃曉雲法師感念廣老恩澤，藉以表達飲水思源之情！

第九章　妙通寺弘化期（民國七十三年至七十五年）

此三寶之福地也，必成就為十方叢林，三百多名弟子將來此出家修行，依止法王座下；甚多在家弟子於此皈依三寶，共同成就無上佛道。

傳聞南下　六龜建寺

民國六十九年底（西元一九八〇年），廣欽老和尚有感於南部信眾得度因緣成熟，乃叮囑隨侍多年的弟子傳聞尼師南下尋找建寺寶地。

傳聞尼師為深獲老和尚賞識與器重的女眾出家弟子，民國三十八年生於臺南新營，俗姓方；家風仁厚、善根宿具。十八歲皈依時，因感應觀世音菩薩慈悲善護之聖情，即在佛前發願立志出家修行。民國六十年（西元一九七一年）二十二歲時，因緣成熟，於承天禪寺禮請老和尚剃度為僧，賜名「普嚴」、號「傳聞」；隨即擔任侍者，負責照料老和尚生活起居、飲食湯藥，悉能恭敬承事、勤勞不懈。

當時，承天禪寺僧眾僅十餘人，寺中諸多事務乏人照管；傳聞尼師發心承擔，並恪遵老和尚「邊做事邊念佛」、「忍辱第一道」之教誨，受一切苦而不以為勞；其道心之堅固、志氣之非凡，蓋自出家以來即始終如一！

肩負師命，傳聞尼師南下負責覓地蓋寺；或許是誠心所感，不久之後便在高雄縣六龜鄉寶來村（現屬高雄市六龜區寶來里）找到與其夢兆相符之龜形山地！翌年（西元一九八一年），購置該福地後，老和尚即派出家弟子們南下整地；傳聞尼師則仍留在承天禪寺服侍老和尚，直到民國七十一年才南下投入建寺工務。

民國七十二年十一月十九日，老和尚復命傳聞尼師帶領傳敦尼師等十餘名女眾，參與妙通寺建寺工程。傳聞尼師再度不負所託，無畏艱難、以身作則，帶領這批娘子軍沿襲承天禪寺「邊做事邊念佛，福慧雙修」之道風，不辭辛勞地從事砍柴挑水、擔石翻砂等種種粗活。

民國七十三年春，老和尚口諭：「任命傳聞師為妙通寺當家，傳敦師為副當家。」正副當家相互配合、克盡職守，帶領大眾精勤不懈，投身於建寺大業！半年多後，民國七十三年農曆六月十六日，妙通寺順利舉行落成大典，數千嘉賓雲集；老和尚親臨大雄寶殿開光安座，並預言：「此三寶之福地也，必成就為十方叢林，三百多名弟子將來此出家修行，依止法王座下；甚多在家弟子於此皈依三寶，共同成就無上佛道。」

觀諸妙通寺，坐落在寶來里寶建山，放眼四周，群山環繞，層巒疊翠、雲霧縹緲；寺前，荖濃溪蜿蜒其間，碧澗澄澈；景觀清新雅致，彷彿佛陀說法之靈山勝境再現！

移錫妙通　籌備戒會

民國七十三年仲春（農曆二月），廣欽老和尚在承天禪寺辦完大悲法會（農曆每月第一個星期天）後，即南下妙通寺，每逢承天禪寺大悲法會則北上，如此臺北、高雄兩地奔波。

直到該年農曆五月初四（星期日）大悲法會，適值北部暴雨氾濫的「六三水災」，承天路口的積水深及腰際，車輛不克通行，上山參加法會的信眾只有寥寥六、七人，此後老和尚就暫不返寺參加大悲法會了。該年夏天，妙通寺落成，農曆七月下旬老和尚正式移錫妙通寺；爾後，老和尚偶回承天禪寺參加法會，但仍以留在妙通寺為主。

老和尚移錫妙通寺之因：一則該寺甫創建啟用，老和尚坐鎮以接引南部信眾。二則民國七十四年（西元一九八五年）農曆十月，妙通寺將舉辦「護國千佛三壇大戒」，是以老和尚駐錫該寺，增建戒期所需之四層大樓，並籌備戒會所需一切應供事物。

原先，老和尚接到中國佛教會通知，謂明年（七十四年）由承天禪寺輪值開大戒；然因，該寺設備不足以容納大批戒子，乃轉由妙通寺承辦。民國七十三年農曆十月廿六日，為老和尚九十晉三華誕；老和尚當天在承天禪寺祝壽佛七中，公開宣布翌年傳戒地點改在妙通寺。這個消息，卻令有些人憂喜參半：喜的是，可以依止德高望重的老和尚得戒；憂的是，老和尚是否會在傳戒圓滿後，如其先前所言，捨報離世？

而為了滿足戒會所需各項場域空間，民國七十四年初，當家傳聞尼師持續帶領住眾們積極投入建築工程。農曆四月，老和尚亟思退居，於是指派傳聞尼師接任住持、傳敦尼師接任當家。大夥眾志成城，竟在短短十個月內，及時完成巍峨山門一座，及佔地三百餘坪之四層樓高的慧棟大樓（內設五觀堂、戒期講堂、念佛堂，另有兩層為寮房）。

法緣殊勝　戒子雲集

民國七十四年農曆七月，妙通寺奉老和尚之命，擬訂一份「護國千佛三壇大戒」〈傳戒通啟〉刊載於佛教界各雜誌期刊——

（一）傳戒日期

出家戒：國曆十一月十三日（農曆十月二日）開堂，國曆十二月十四日（農曆十一月初三）圓滿，共三十二天。

在家戒：國曆十二月八日（農曆十月二十七日）開堂，國曆十二月十四日（農曆十一月初三）圓滿，共七天。

（二）三壇戒師

得戒和尚為廣欽長老

說戒和尚為白聖長老

羯摩和尚為道源長老

教授和尚為悟明長老

開堂和尚為淨心法師

陪堂和尚為圓宗法師

該訊息一經流布，隨即轟動整個佛教界！最終，總計有二千七百多位四眾弟子報名求戒（另一說為約二千五百人），其中出家眾約五百人；人數之多，為自民國四十二年元月臺南大仙寺首度傳戒以來，歷年戒會之冠！該年底傳戒期間，山上人滿為患，許多戒子只得隨遇而安，以臨時搭建的帳幕為「寮房」；每天還有二、三十輛遊覽車來回奔馳於道途，滿載不遠千里而來參拜的信眾。

黃建興所撰〈廣欽老和尚掀起受戒熱潮〉一文中，描述傳戒期間，九十四高齡的老和尚仍耳聰目明、腳步輕快，每日在藤椅上接受信眾頂禮膜拜，還不時揮手叫人起身去「呷飯」（他自己則喝流質食物）。老和尚上下樓梯時，若有人想伸手扶他一把，他往往會像賭氣的孩子，站在臺階上瞪大眼睛示意：「看你敢不敢扶？」等你會意後自動縮手回去，他才又開步飄然下階。

前來頂禮老和尚的信眾，有的是來懺悔業障，一見到老和尚就情不自禁地淚如雨下；有的是請求加持，恭敬地用雙手將念珠捧到老和尚面前，請他念咒加持，以增加自己念佛的信心！也有信眾是去求老和尚治病，或是請求開示。請求治病的人，通常會自備白開水請老和尚念〈大悲咒〉；雖然「大悲水」在老和尚的寺院中長年供應、無一日或缺，老和尚慈悲應請，不嫌勞煩再度誦一遍滿其所願。請求開示的信眾，往往只是希望從老和尚沙啞但言簡意賅的回答中，印可自己對該問題的看法而已！

傳戒期間，每天都有川流不息的信眾前來朝禮老和尚。老和尚安坐在藤椅上，儘管整天忙於應接來自四面八方的信眾，卻始終歡喜以對、未曾稍露不耐之色；無論何時，他總是一派莊嚴慈悲地與大家互動，帶給信眾們無以言喻的感動！

而對於前來協助戒壇法務的法師大德們，老和尚更是以禮相待、愛護備至。以擔任戒壇的「尊證阿闍黎兼總書記」廣仁法師為例，法師在開堂前兩天即抵達妙通寺，他下車後立即前去晉謁老和尚。當侍者跟老和尚說：「頂禮的是廣仁老法師！」面帶笑容的老和尚即伸手與法師親切握手，並命侍者奉茶款待；接著，老和尚殷殷垂詢關懷，令法師感激縈懷。當老和尚從侍者口中得知「法師是為幫忙戒壇法事而來」，便以生硬的國語對法師說：「多辛苦你了！」和顏愛語，令人備感溫馨。

而對於擔任教授和尚的悟明長老，此次的三壇大戒對他而言，有著非比尋常的意義；因為，多年前老和尚曾親口對他說：「再傳一次戒，就要離開世間了！」這也是為何這位與老和尚相識數十年、且時有來往的長老，於民國七十一年的某晚，在臺北觀音禪院婉拒老和尚在家弟子林則彬居士的請託（代為轉達信眾的想法：將該年原訂在樹林海明寺傳授的三壇大戒，希望能讓給老和尚），因為他真捨不得老人家「這麼快離我們而去啊」！但是，此次妙通寺的傳戒盛會是老和尚的心願，悟明長老不忍違逆，只好在整整三十二天的戒期中，儘量認真找機會親近老和尚，因為「機緣再難得了」！

農曆十一月初三（國曆十二月十四日）戒期圓滿後，全體戒弟子還在高雄市托缽一日；化緣所得淨財臺幣一百餘萬元，全數用於救濟苦難民眾。

第十章　化緣已盡　安詳示寂

德高望重，得享九十晉五大年，其言其行，堪為人天軌範：是古佛再來歟？抑菩薩示現歟？凡愚莫測也！

民國七十四年的歲末年關，承天禪寺住眾正忙著農曆春節法會的準備工作。臘月二十四日晚間，養息板過後，當家傳悔師步入臨時大殿，正準備養息之際，突然接到妙通寺傳聞尼師來電告知：老和尚要回承天禪寺看看大悲樓的建築情況，要傳悔師南下接他、越快越好！

北上承天　囑咐後事

當下，旋即於電話中商定：二十五日，請梁家華居士開車送傳悔師南下；

二十六日，接老和尚回承天禪寺。對傳悔師而言，這真是一個出人意表的好消息，也是北部四眾弟子盼望很久的「喜訊」！

二十五日清早，傳悔師即搭梁居士的車子南下，一路奔馳於高速公路上，在下午三時左右安抵妙通寺。下車後，傳悔師即刻至老和尚寮房跟老人頂禮請安。老和尚笑嘻嘻地要他坐下，並看了一看他，突然說道：「你的壽命很長！」聞言，傳悔師眉頭一皺，苦笑著說：「我不注意這個。」繼而，老和尚轉頭看看坐在旁邊的傳聞尼師，回頭告訴傳悔師：「我們都不注意這個！」又指著正忙於翻譯兩人對話與打理隔天回承天禪寺瑣務的傳聞尼師說：「他是個修行人。」傳悔師則邊聽著傳聞尼師轉述老和尚的話，邊提起老人家皮包骨的手臂，仔細端詳其瘦削的臉頰說：「師父有點瘦，其他都正常。」也順便向老和尚報告大悲樓的建築進度。

次晨，早齋後，老和尚走出寮房，下了臺階，逕自走向山門邊的第一輛車，開門上車（當天有五部車、十四位尼師隨侍老和尚北上承天禪寺）；隨行尼師們馬上跟進，快速坐滿了該部車，傳悔師只好改搭邱姓居士的車；等老和尚的車先開，約十分鐘後，他們的車才啟程。下午兩點多鐘，傳悔師回到承天禪寺，而老和尚早就返寺了！

隔天（農曆二十七日）早晨，傳悔師要眾弟子一起去拜見師公，老和尚看到徒孫們顯得異常高興！雖然那幾天寒流侵襲，山上颳風下雨，仍抵擋不住信徒上山參拜老和尚的熱情；老和尚說話的聲音十分微弱，但信眾只要能見他一面、跪拜一番，也就心滿意足了！

老和尚自知捨報之日將至，故圓寂前幾日，晝夜精勤念佛；雖然聲音已沙啞，但其拚盡全付身心性命，無視色身病苦、一心懇切呼喚阿彌陀佛的堅定信願，誠非常人可及！有弟子顧慮氣力微弱的老和尚體力不支，故建議他說：「師父，弟子念，您聽就好！」孰料，老和尚瞪大了眼，斬釘截鐵地說：「各人念各人的，各人生死各人了！」語罷，依舊奮力出聲念佛。

農曆二十八日，老和尚竟然一反常態，改變平常教人專念阿彌陀佛的作風，急切地命弟子為他誦經。弟子問師父要誦哪一部經？老和尚答說《地藏經》，弟子連忙請出《地藏經》並誦將起來。「再快一點，再快一點！」老和尚頻頻催促正在誦經的弟子們，後者因此越誦越快！《地藏經》誦完，弟子又依老和尚指示，以很快的速度接續誦完《藥師經》、《金剛經》與《心經》。

「師父念了一輩子的佛，難道臨命終前顛倒了？」有弟子眼看自己的師父如此「反常」，內心除了難過之外，還充滿了不安與疑慮；有一位甚至滿腹酸楚、淚流滿面地向方丈室裡的地藏菩薩像跪禱：「願我代師父受苦，祈求師父臨命終正念不失，順利往生西方！」

誦畢《心經》，徒眾又請示老和尚要誦哪一部經？「《大藏經》！」老和尚答，大眾便七手八腳地趕緊從藏經閣請出一部部藏經。眼看他老人家一副決定要往生的樣子，個個心中焦急萬分卻又束手無策；加上《大藏經》卷帙浩繁，真不知該從何誦起？於是，弟子請問老和尚：「要從哪裡誦？」老和尚竟道：「總誦。」（閩南語）「沒辦法！」弟子老實回答。老和尚就說：「看你會什麼經，通通給我誦！」於是，氣喘吁吁的大眾便聽命誦起經來。此時驀然驚覺：在這緊要生死關頭，心急如焚的他們居然連短短二百六十字的《心經》都無法流暢地念誦！

而當大眾遵循老和尚的指示，認真「總誦」一部部《大藏經》時；在一旁的老和尚卻只默默含笑，一逕持念「南無阿彌陀佛」聖號，全然不受周遭誦念聲的影響——他並未顛倒！終於，考題答案揭曉，老和尚嚴正告誡徒眾：

千經萬論，臨命終只有阿彌陀佛救得了你。六字「南無阿彌陀佛」，你念得透嗎？四字「阿彌陀佛」，你念得透嗎？南無阿彌陀佛……

在這齣「臨別之教」的戲碼中，老和尚再度「以身示教」，以高度智慧展現他別具一格的教化藝術！劇中人物，哪一位真正「總誦」了《大藏經》？不是上氣不接下氣的誦經弟子，而是始終正念分明、心心彌陀的老和尚！儘管行者平日誦經持咒，但臨命終時，業力現前；若非俱足定力、淨念相繼，則恐怕連念「阿彌陀佛」四字都有困難，何況誦經持咒？何況「總誦」《大藏經》？

《阿彌陀經》明示：

六方恆河沙數諸佛，各於其國，出廣長舌相，遍覆三千大千世界，說誠實言：「汝等眾生，當信是稱讚不可思議功德、一切諸佛所護念經。」

普勸眾生信受彌陀大願，念佛求生西方佛國。是以，吾等若能勤懇憶念「阿彌陀佛」、發願求生彼國，則能令六方恆河沙數諸佛普皆歡喜，也就等同「總誦」了所有的《大藏經》！

二十九日，山上仍在寒流籠罩之下，老和尚身體日漸虛弱。侍者表示：「正月初一至初五，會有大批人潮湧至；怕師父的色身應付不了，所以從今日起要暫停接見訪客。初一到初五，必須限制拜訪的時間，要寫木牌告示大眾。」傳悔師毫不遲疑地說：「好！就這樣辦。」

三十日除夕，中午寺裡照例要加幾樣菜，表示要過新年了；晚上有普茶，會後寺眾顧慮到老和尚身體需靜養，故沒去向他辭歲。當晚，傳悔師在睡夢中，忽然聽到傳緣尼師在窗外呼喊：「快起來啊，師父怎麼好像要走的樣子！」因為老和尚示現病容，拒絕飲食、醫藥，吩咐弟子們助念佛號，似乎準備「往生西方極樂世界」。聞訊，傳悔師趕緊披衣去到祖師堂。入堂，但見燈燭輝煌，老和尚坐於藤椅上，十多人狀似半月般環繞其旁。老和尚正拿著朝暮課誦本，帶頭大聲誦念：「南無楞嚴會上佛菩薩……妙湛總持……宣說神咒……」念完一遍，再重覆念誦，傳悔師也跟著一起念。過了一個小時左右，他看老和尚並無任何異狀，即安心折回臨時大殿休息。

第二天是農曆正月初一，是新春也是彌勒菩薩的誕辰，又剛好碰上星期日是拜《大悲懺》的日子，來參加法會的信徒將比平日多很多，寺眾也會特別地忙碌！早齋後，傳悔師先把大殿的誦經桌擺好，臨時大殿也擺了幾張白色的誦經桌。桌子、拜凳還沒完全擺好，就有人來叫他：「師父要你去一下！」他於是暫時放下眼前的工作，趕緊赴命。快步至老和尚寮房後，他先向安坐藤椅上的師父問訊，老和尚說：「稍等，叫傳斌他們一起來。」

不一會兒，傳奉、傳斌、傳平師等人都來了，傳聞尼師和妙通寺十多位尼師也都在場。「有人說師父有要事交代，還有人拿著錄音機在等師父說話，我們都跪在師父面前聽候他交代事情。」傳悔師回憶當時情境。

待重要成員到齊後，老和尚鄭重囑咐：「八、九年前我曾交代，圓寂後身體要裝龕，三年以後再開龕。身體如果完好，可以裝金供人瞻禮；身體如果敗壞了，就火化。現在這個遺囑要改，我圓寂以後要火化，不再裝龕了；靈骨分成三份，分別供在承天寺、妙通寺、廣承岩。廣承岩有華藏塔，承天寺和妙通寺也要建塔，把火化後的靈骨供在塔中。妙通寺的塔叫靈山寶塔。」傳悔師接口補充：「承天寺的塔叫清源塔。」他想起老和尚過去曾如此說過。

老和尚接著又說：「再一件事就是承天寺、妙通寺、廣承岩的負責人職事。承天寺由傳悔住持、傳奉監院，妙通寺由傳聞住持、傳敦監院，廣承岩由傳斌住持。」此外，老和尚又交待了一些攸關寺務的事項，例如：妙通寺與承天禪寺住眾可以交流共住、彼此合作，又妙通寺應建男眾寮房等等。老和尚在承天禪寺為弟子們上完「最後一堂課」後，大眾便恭謹地向師父頂禮拜謝，隨即各自散去；傳悔師也回到大殿，繼續忙於法會的準備事項。

南返妙通　念佛不輟

春節當天，久未上山的大批信眾，因著老和尚返回承天禪寺而先後到訪；人多事雜，正當傳悔師忙得不可開交時，傳斌師傳話說：「師父要回南部去了！」這個突發的訊息，令傳悔師詫異不已，直說：「師父既然回來，就應該住在這裡把年過完，讓北部的信眾好好跟他拜拜年再回去；起碼要住到初五以後，千佛法會拜完再回去。」因他當時無法自工作中抽身，就委請傳斌師代為勸說師父留下。

隔沒多久，傳悔師應寺眾之請，到老和尚寮房挽留老人家過完年再回南部；惟老和尚返歸妙通寺之心意已定，絲毫不為所動！傳悔師也只能寬慰寺眾：「師父年事已高，我們應該順從他的意思，不要再勉強師父了。」言畢，轉身又回到大殿，關照法會要務。

過了不久，傳悔師突然聽到性慈師喊他：「老和尚已經上車了，正等你去送他呢！」於是他趕緊快步走往大殿右邊的停車場，只見老和尚的座車已被爭相供養的信眾團團圍住；他設法擠進人群中，以便靠近老人家。老和尚坐在車裡，看見傳悔師來送行，狀極愉悅，面露微笑向他合掌，眼神似蘊含著無限的眷念之意！

稍後，在群眾的配合下，人潮自座車兩旁分流，開出一條通路，老和尚乘坐的專車即緩緩前行，駛別承天禪寺，直驅妙通寺！當天下午五點多鐘，傳悔師接到妙通寺打來的電話，得知老和尚已安返妙通寺。

老和尚返抵妙通寺後，日以繼夜念佛；翌日（正月初二），氣息漸漸微弱。正月初三，老和尚體力竟大幅度改善，可自行走動；午後，還招呼徒眾，並親自敲打小木魚，教導弟子們念佛聲調。特別的是，他老人家在許多佛菩薩聖號前，都冠上「南無西方極樂世界」，比如「南無西方極樂世界文殊師利菩薩」、

「南無西方極樂世界普賢菩薩」、「南無西方極樂世界彌勒菩薩」等等；箇中意涵似在闡明：只要專志稱念彌陀聖號，求生西方極樂世界，就可與諸大菩薩們在該樂土聚會、精進一已的道業。敲完木魚、念完佛，老和尚還隨緣與大眾談話，神態自若、行止無礙！

初四日（國曆二月十二日）早晨，老和尚突喚傳聞尼師與大眾佇立於大殿外晒太陽（老和尚叫弟子晒太陽的事例很多），並隨即要傳聞尼師坐於其身旁，對他說道：「你可以了，他們（指大眾）還沒有！」據說，當天老和尚還曾面容嚴肅地誨諭傳聞尼師：「以後領眾修行，當如今天面對太陽，一路走向光明大道，不可稍有偏失。」言簡意賅，發人深省！而近幾天內，老和尚也再三對弟子們反覆提醒：

災難越來越多，趕快修、趕快修！修一分，一分的功德；修十分，十分的功德；修一百分，一百分的功德；修一千分，一千分的功德；修一萬分，一萬分的功德。

老人家慈悲為懷、度生心切，只要還有一口氣在，就不忘拔苦與樂、利濟群生之僧家本務！

無來無去　法身常在

正月初五日（國曆二月十三日）的早上和中午，老和尚都分別喝了幾杯牛奶。見狀，全寺弟子彷彿吃下一大顆定心丸，率皆推想：「師父既已恢復飲食，想必是會繼續住世人間！」既然老和尚原擬往生的「警報」已解除，傳聞尼師乃乘便離寺，前往高雄為老師父選購較舒適的躺椅，以減輕其身體痠痛之苦；另外兩位隨侍弟子傳淨與傳緣尼師，也因為山間早晚氣溫寒涼，抽空離寺到臺中拿取禦寒衣物。

十年前，老和尚就告訴身邊的弟子們：「將來我走的時候，要現病相而走，而且你們三人（傳聞、傳淨、傳緣）都送我不到。」那時，這三位大弟子都認為不可能；因為，依慣例，三人之中至少會留一人在老和尚身邊，怎麼可能發生「送不到」的情形呢？果不其然，初五那天，這三位大弟子因為上述因緣，恰巧同時離開不在其旁，老和尚就真的走了！走之前，還一再勉勵大家：「這個娑婆世界很苦啊！大家趕快念佛，到阿彌陀佛的極樂世界。」

最後，在大眾一片念佛聲中，老和尚瞻視清澈、靜定安詳，以偈示眾曰：「無來也無去，來去無代誌。」（閩南語）少頃，向徒眾頷首莞爾，便瀟灑坐化示寂！時為中華民國七十五年二月十三日（農曆正月初五）下午二時三十分。

約一個小時後，北部承天禪寺中，正忙於籌備晚間「大蒙山施食」種種事宜的傳悔師，從傳毓師口中得知：「師父圓寂了！」此猝然來襲的青天霹靂，令他心頭猛然一震，但仍保持冷靜、不動聲色地回到臨時大殿，寫好「佛力超薦本寺住持上廣下欽老和尚往生蓮位」的牌位，供奉在地藏菩薩座前；復轉身到藥師佛像座前，取下師父的長生祿位，放在即將火化的消災牌位上。

下午三點四十幾分左右，第二支香剛拜完，法師和信眾已魚貫出班，站在藥師功德堂前，準備焚送牌位，參加法會的四眾弟子仍如常地安靜。四點多鐘以後，老和尚圓寂的消息漸漸傳開，有人因此當場慟哭失聲！

當天傍晚，傳悔師偕同傳奉師搭傳斌師的車南下，於深夜十二點鐘趕抵妙通寺。下了車，他們即奔赴老和尚的寮房；入房，迎面望見師父靜靜地斜躺在臥鋪上，旁邊有傳聞尼師和七、八位女眾正坐著念佛。

聽完傳聞尼師跟他們述說師父圓寂的情形後，三人輕步走到師父跟前：傳奉師和傳斌師忍不住伏倒在地，痛哭不已；傳悔師則彎下腰，面對老人微笑的面容及炯炯有神的雙眼，不禁愕然起疑：「欸？師父不是圓寂了嗎？怎麼竟表示出歡迎我來的樣子？」再回頭看看坐在地毯上念佛的幾位女眾，與伏地哭泣的傳奉師與傳斌師，一切是如此真實，他才恍然憬悟：「我是為師父圓寂而來，師父確確實實是丟掉他幻有的軀殼，而歸於不來不去、無生無滅的究竟涅槃境界中了。」是的，老和尚有形有相的色身已杳，但無形無相的法身則是「無來無去」！

初六凌晨兩點鐘，傳悔師與師兄弟們合力將師父淨身後的法體，以盤坐入定的姿勢恭奉於藤椅上，並挪到大殿中。老和尚面容如生、目光下垂，頸上掛着念珠，法相寂然、肅穆莊嚴！殿內，已將西方三聖像用黃色布幔遮護起來，權作靈堂。待諸事皆安排妥當後，天色已漸微明。

上午，各地前來悼念的人潮不斷；靈堂執事也分組晝夜輪班念佛，直到二十天後的荼毗。妙通寺自從老和尚圓寂之後，「南無阿彌陀佛」的念佛聲即不曾間斷過；聲聲佛號中，各地來見老和尚最後一面的信眾，都以無比虔敬的心情向他頂禮膜拜。

大慈大悲　國之瑰寶

老和尚圓寂後，其在家弟子林則彬居士向當時的蔣經國總統上了一張簽呈。祕書一看，不解地問：「這件事情需要報告總統嗎？」林居士答：「你去報告總統，他會明白的。」果然，總統看到簽呈後立刻說：「你們不曉得，這位老和尚是個菩薩啊！你趕快寫『大慈大悲』四個字送去。」

此「大慈大悲」四字原為毛筆字，後製成匾額懸掛於現今之廣公紀念堂。尚未擔任總統前，經國先生即因為林居士的引見，與老和尚結下殊勝的法緣；對於老和尚不忍眾生苦、亟思救度的廣大慈悲，甚為推崇，故以「大慈大悲」輓詞追思致敬。

正月二十六日（國曆三月六日）一大早，妙通寺即被前來參加老和尚荼毗大典的四眾弟子擠得水洩不通。更有虔誠的信徒從山門外，三步一拜，直至大殿所布置之「廣公上人涅槃堂」，場面至為感人！涅槃堂供桌正後方，為安奉老和尚法體之蓮龕；蓮龕上方，懸掛老和尚莊嚴法相照；蔣經國總統敬輓之「大慈大悲」讚詞裱框，則恰如其分地安放在老和尚法相之上，人法呼應、相得益彰！

上午十時，以白聖長老為首的四十位男眾法師，井然有序地分列於式場兩側，如法如儀地舉行簡約而不失隆重的傳供典禮。傳供大典中，所唱誦的疏文如下：

夫佛法者，乃宇宙之真乘，為人天之眼目，黯世之明燈，渡生之寶筏也。溯自我佛釋迦世尊，睹星悟道，首唱《華嚴》；雙樹潛輝，暢示《涅槃》。談經說法四十九年，無非運同體之大悲，愍群生之疾患；實欲其咸離於沉淪，以悉證於妙圓也。

及至漢殿飛來金人示夢，於是白馬傳經、沙門供饌，中國佛法始興，迄今二千餘年矣！高僧輩出，或疏經造論，或宏演真諦，或苦行真修，或身教謹嚴，是皆宏宣大教、自他兩利者也。

迺者末季，正法陵夷、邪說充斥之際，而我廣欽上人乘願來臺，以苦行身教度生：首創造廣照寺於新店，繼創建承天寺於土城，復創建妙通寺於寶來；計先後薙度弟子百餘人，皈依弟子約四十萬之多。並於客歲冬，在妙通寺傳授三壇大戒一堂：出家戒弟子約五百人，在家戒弟子約二千二百人，極一時之勝！

廣公老人宿根深厚、善因斯培，壯年入道、矢志苦修，不食人間煙火者垂六十年矣；雖歷盡艱辛苦楚，而道心愈益堅貞。德高望重，得享九十晉五大年，其言其行，堪為人天軌範：是古佛再來歟？抑菩薩示現歟？凡愚莫測也！

佛教緇素及弟子法眷等眾，感慈德之無極，謹擇奉安之辰，虔獻芹蒲之供。伏願 極樂國中，慈祥安住；大悲心裡，常念眾苦。祈乘願而再來，俾有緣而得度；國家固萬世之基，佛教獲千載之興。謹疏微忱 恭祈

慈鑒

佛教緇素暨薙染弟子法眷等百拜 謹疏

中華民國七十五年正月廿六日

當天下午一時許，承載老和尚法體的蓮龕，由多位法師以圓木桿撐持、前後協力扛抬，緩慢地自大雄寶殿往荼毗場移動。蓮龕最前頭，有手持諸佛聖號

幢幡為前導的眾護法弟子；前導隊伍後，則為一路護送法體的諸山長老們。與此同時，塞滿寺內樓舍走廊、廣場及各個角落的上萬名信眾，都虔心稱念「南無阿彌陀佛」，恭送老和尚最後一程；而蓮龕所經之處，信眾相繼五體投地頂禮膜拜！

蓮龕抵荼毗場後，執事人員在一片念佛聲中，將奉置老和尚法體的靈龕搬移至荼毗塔（火化爐）內。約兩點鐘時，一切就緒後，主法的白聖長老首先宣說諸法無常之理：「既知無常是什麼，焚去身心又何妨！」拂塵一揮，隨即舉起引燃的火把云：「舉起三昧火，焚燒六情根；萬般皆解脫，火裡現金身——燒！」並將火把交由一旁的弟子點燃荼毗塔中的柴火；瞬間，大眾唱念讚偈的聲音，也隨着火燄的升起而更形熱切！

下午五時左右，荼毗場上空，從煙囪冒出的縷縷輕煙逐漸消散；許多信徒卻仍原地守候，未曾離散，因為他們滿懷瞻仰老和尚舍利子的「朝聖」之情。

次日凌晨兩點鐘，老和尚弟子們在傳斌師的帶領下，敬慎地取出荼毗塔中的舍利子；凌晨四時許，許多信徒特地起了個大早，試圖在灰燼中找尋遺留下來的舍利子。據說，老和尚的舍利，直徑二公分以上的有四十餘粒，有的更長達四公分。弟子們將清理好的舍利子，依據老和尚的遺言分成三份，分別供奉在承天禪寺、廣承岩及妙通寺。

引人注目的是，荼毗前後，皆出現種種瑞象。荼毗前晚，板橋某居士到妙通寺，發現空中有特別的光輝（原先以為是月亮），信手取相機拍攝；事後發現，竟是一朵散發光彩、潔淨嚴麗的蓮花！荼毗後，信眾因虔誠祈求而喜獲老和尚舍利子的感應事例，則不勝枚舉！

經云：「若佛出世，若不出世，此法常住。」老和尚的色身走了，荼毗大典也結束了，一切又回歸如常，回到「本無事」的真常理諦；種種瑞象，也為有緣人傳達了老和尚法身常在的訊息。

綜觀老和尚住世九十五年，僧臘五十五年（四十一歲正式剃度）、戒臘五十四年（四十二歲受具足戒），一生「苦行度眾，真淨真禪，不食煙火六十年；道範利人天，建寺安僧，恩澤滿塵寰」，被緇素二眾尊崇為「度人師菩薩摩訶薩」，更被社會賢達推崇為「國之瑰寶」！

老和尚是一個沒讀過書、識字不多的苦行僧，既不曾開大座宣說經法，亦乏傳世之論著；然而，為何有一百多人願歸投在他座下出家修行？且皈依弟子多達四十萬人，包括來自社會底層的販夫走卒、學識淵博的專家學者、高居廟堂之上的達官顯貴，還不乏來自國外的友邦人士？

答案是：並非因為他是「伏虎師」、「水果師」，也不是因為他有法力、能超度鬼魂，更不是因為他不倒單、禪定功深、具神通力能預知未來、有他心通等等；而是因為，老和尚出家後，自始自終具正知正見，不忘一己修行的本務：他嚴持戒律、善護僧格，畢生專志用功苦行利眾、參禪念佛不絕；具「好人要度，壞人也要度」的廣大悲願，與視名利為空無的灑脫胸懷！其真修實證所積累的無量德能，最終為佛門弟子樹立了當代聖僧的典範；在佛門弘化利生的同時，也發揮了福國利民的大能！

文末，謹以臺灣南投靈巖山寺開山方丈妙蓮法師（西元一九二二至二〇〇八年）所撰〈上廣下欽老和尚讚偈〉為本傳之結語；一則緬懷老和尚示佛典範的超倫行誼，冀其巍巍盛德流芳百世、光耀釋門史傳；一則激勵與老和尚有緣之人，率能依其言教敬慎奉行，永矢弗諼——

善哉我廣公，真實不思議；
目既不識丁，口亦少玄辯。
但說家常話，血乳餵孩兒；
真語實語者，苦行佛行成。
奈何聰明人，不學三分痴；
究竟度了誰？自家可曾知！
時刻要反省，度人勿忘己；
言微身教重，古今理不易。

影響

壹・修行法要，自度化他

忍辱是修行之本，戒中也以忍辱為第一道，忍辱是最大福德之處；能行忍的人，福報最大，也增加定力且消業障、開啟智慧。

自稱「一字不識」的廣欽老和尚，生前沒有留下任何文章著作；圓寂後，其住世時對緇素二眾的開示（由隨侍弟子所記錄），與法師或居士大德所撰有關老和尚的文章，陸續由土城承天禪寺結集編印流通。

先是民國七十五年出版《廣公上人事蹟初編》，繼之者為《廣公上人事蹟續編》，並接續增修新版流通。民國一百一十一年出版的《廣公上人事蹟初編》（二〇一九增訂本），與《廣公上人事蹟續編校訂本》（附開示錄．行持語錄）是目前所見最新的版本。

320

其他根據上述二書內容加以重新編輯流通的《廣欽老和尚方便開示錄》、《廣欽老和尚開示法語錄》，與《廣欽老和尚紀念集》、《先師廣欽老和尚百歲誕辰紀念集》等，皆為研究廣欽老和尚思想的第一手資料。

以下，即依循廣欽老和尚從「出家修行」至「圓寂」的生命進程，揀選箇中與「自度」或「化他」有關的「修行法要」，並以上述老和尚的開示、行持語錄或相關記載與之呼應、印證，以期有助彰顯老和尚對佛法行持與弘法度生的見解與主張！

學佛修行，了生脫死——為何要修行？

未出家前的李欽山，童稚時期遭逢養父母相繼亡故之遽變，其幼小心靈已隱約感受到世事無常、生命危脆之苦！後續到南洋幫傭的日子裡，更讓他對世間與人生不抱有任何希望——做到老，最後仍免不了一死，永遠在生死輪迴中！因此他想尋求「了生脫死」之道。

最終，因其神準預感（所搭推車將翻覆）又吃素，伐木同僚無心戲言：「你乾脆回泉州老家出家修行去！」這一番話，讓他毅然決志返鄉出家，尋求解脫生死之道。一如佛教史上，許多高僧大德皆因為了參究「生死大事」，而出家修行、成就道業！

為何要修行？根據廣欽老和尚的開示，歸納理由有二——

一、輪迴是苦，業報不爽

老和尚曾開示說：「十法界中，一切都是依我們這人身所造的各種業去形成的。」十法界包含「四聖、六凡」：「四聖」（佛、菩薩、緣覺、聲聞）是指已修證無為法，解脫生死輪迴之苦的出世間聖者；「六凡」（天、人、阿修羅、畜生、餓鬼、地獄）則是仍為業力所繫縛，背覺合塵、隨業飄盪，持續在六道輪迴的業感眾生。

在胎、卵、濕、化四生中，我們每個都曾去做過，在別道中受完業報，投入父母胎中轉為人身。所以，今天我們所得的這人身是從那一道來的，我們不知道。每個人都帶著不同的業障來，若不知歸命佛、法、僧，持齋、戒殺，勤心念佛，此身受報盡，將轉入何道，自己也懵然不知！帶著新的罪業而去，如此一去，人身也就難保了。

老和尚提醒大眾：你我都是帶業而來，如果不懂得依止三寶、如法用功修行，則下一生就只能背負新增的罪業，繼續演出輪迴六道的戲碼，永無出離生死苦海之日！

老和尚指出，眾生隨業轉（有的轉牛、豬、雞、蝴蝶等胎、卵、濕、化生），輪迴實有！現前可見者，如牛、豬等動物即是投胎到畜生道的眾生；花花世界中，也正上演六道輪迴的電視劇。老和尚還曾以唐朝寒山與拾得的一則故事，證明輪迴之說屬實：「以前，寒山拾得看到人家辦喜事，拍手大笑：『你看他娶他祖母，吃他姑姨！』人家罵他們是瘋和尚亂講話。他叫一隻豬過去世的名字，那隻豬真的走過來，確實有輪迴。」

「人為何會有輪迴之苦？」老和尚的解答：因為人們內心的七情五欲太重了！心智被七情五欲所迷惑，整天為了追逐財、色、名、食、睡而滋生煩惱，惡業也就這樣被造出來了。「一個人脫離不了輪迴，人雖為萬物之靈，不修持與其他動物沒分別；可是人能修行，就能脫離輪迴。」老和尚如是說。

二、把握人身，修行離苦

佛經中有關「人身難得」的譬喻不勝枚舉，以《雜阿含經》所記載的「盲龜值浮木孔」為例：在茫茫大海裡，有一隻百年才將頭伸出水面一次的盲龜，與一塊隨波漂流、上有孔洞的浮木；人身之難得，猶如百年一探頭的盲龜，正巧將頭套進飄盪的浮木孔中！盲龜與浮木孔的偶遇相合，其機率誠微乎其微，得人身之機緣亦如是渺茫！

老和尚開示中，也多次提及「人身難得、佛法難聞」，曾說過：

我們要把握這得到人身的機會，要努力進修，以求了脫生死；否則，修道未成、沒了生死，下一輩子在胎、卵、濕、化四生中，又不知流到哪一生了？假若來生作卵生的鳥、濕生的魚、化生的蟲，牠們智慧低或沒智慧，要修學佛法就太難了！

老和尚勉勵信眾：人為四生中之胎生，為萬物之靈、最聰明。四生中，只有人有理智能克服欲念、能修持，所以人修學佛法比較容易；其他動物因被嚴重的貪瞋癡所蒙蔽，很難修行！所以，生而為人，就要好好把握人身修行，成辦道業；反之，「做人若不知修行，就要生生世世受輪迴」。

老和尚又曾開示：

生不帶來，死不帶去；即使生前家財萬貫，死後也帶不去！萬般帶不去，唯有業隨身；不要再為這些身外之物，浪費美好人生，趁早修行。

鼓勵信眾把握聽聞佛法的機緣，學習佛菩薩、祖師大德的風範，掃除內心的垃圾（貪瞋癡的習染），恢復清淨的本心，方能開顯不生不滅的真如本性、脫離輪迴的苦海！

苦行入道，忍辱為衣

初入佛門的廣欽師，自知以一己之條件（自幼不曾受教育、身材矮小等），不適合扮演講經弘法之角色；故選擇以苦行為入道之門，刻苦律己、人棄我取，以此上報常住三寶之恩。復因其目不識丁、身材短小，為人所輕蔑、欺侮；然而，他卻能智慧以對、轉煩惱為菩提，以這些逆境為提升一己道業的增上善緣，成就忍辱般若波羅蜜，冥契《法華經．法師品》「弘經三軌」之說：

善男子！善女人！入如來室，著如來衣，坐如來座，爾乃應為四眾廣說此經。如來室者，一切眾生中大慈悲心是；如來衣者，柔和忍辱心是；如來座者，一切法空是。

年輕的廣欽師雖未曾讀此經，其行止卻已然符應弘經的軌範；只不過，他不是以口講經，而是以身行經。

老和尚自身從苦行、忍辱的行持中，蒙受殊勝的法益。八十三歲時，他曾對出家弟子表明：「我雖不會講經，但有點苦行內功，可說得出，直示西方途經。」也因為他苦修有成，累積了足夠的福慧資糧，自然感召護法菩薩的擁護，所以能廣度有緣眾生並隨緣蓋道場，一切皆順其自然，非刻意而為。這些「佛緣」（度人入佛因緣）與「佛報」（人見歡喜、恭敬），全靠他力行苦修而來！

民國六十九年農曆四月三日，老和尚對來寺信徒開示：

人家侮辱我、欺負我、佔我便宜，如果我們能忍下來，不去斤斤計較別人佔我多少便宜，也不去掛礙它，這樣不但宿世業緣消除，且當下便能平靜無事，又能增長福慧，延長我們的壽命。

老和尚此番開示真是令人心開意解的處世妙方！

老和尚口中的「苦行」，並不僅止於承擔勞動、粗重作務等體力活的付出，而是在日常生活中，面對各種境緣時能「打破對一切順逆境的分別」，平心靜氣以對，一切都不計較！至於從事體力活的苦行，不是說硬要去做超過自己能力所及的工作，而是要有「無我利他」的願心，「難行能行，難忍能忍」、「人家不吃的我來吃，人家不做的我來做」，如同他早年在泉州承天寺「以苦為樂」、「自度度他」的願行。

為何要修苦行呢？老和尚說：

我們修行，就是靠我們的誓願力在成佛的；自古以來的佛菩薩，像文殊、普賢、觀音等，無不是靠著他們本身的誓願力，修苦行而成就的。

過去的佛祖、高僧們都是以願堅行，因苦行而開悟的；後人學佛就應以過去諸佛、祖師修習的方式為榜樣，如此才叫做學佛。老和尚指出：出家人看經書，可以了解佛菩薩修行的法義，而且要受戒（戒律很重要，是了生死的根本）。持戒以忍辱為第一道，要修苦行（粗衣淡飯，為常住、為眾服務，做功德），才能開發一己的智慧、親身體會佛菩薩的境界。老和尚八十九歲時曾誨勉一位至承天禪寺請益的尼師：

學佛要有像觀音、普賢、地藏等菩薩的誓願力，做一些人家不要做的事、吃一些人家不願吃的苦，這樣才有道可修；那些成佛、做菩薩的，往往都是那些讓人家看作笨笨的人在成就的！

為何修習苦行有助智慧的開發呢？老和尚說：修苦行是在藉各種境緣，磨鍊一己不起無明煩惱（六大根本煩惱：貪、瞋、癡、慢、疑、不正見）、洗除習氣，鍛鍊做人做事的各種能耐，磨去我們的傲氣、消弭業障；也因此，修習苦行（助斷身見、我法二執）是消除妄念最好的方法；當修到妄盡真現時，自然智慧大開，通曉一切事情，能化苦為樂。正如諸佛菩薩已從苦行中磨礪得業障消除、沒有苦感，做什麼事都輕鬆自在，不覺得自己在做什麼，也不覺得自己在度眾生。

老和尚鼓勵出家弟子：

當捨下世俗的一切，粗衣淡飯修苦行；做常住的事，利益大眾。心有寄託，則妄念不起，業障自消，心無掛礙。

天天如是用功修行，才能得到智慧、佛報、福報，是以「有苦才有行好修，沒苦就沒道行可言」；因為凡夫帶來的業，善念少、惡念多，所以要修苦行、消業障，去掉壞念頭，才有正念、煩惱才少。老和尚所指的「佛報」，是指「人家看到我們直生歡喜心、恭敬心」；「福報」則是指「人間供養，但要惜福，不能太奢侈；雖然有福報，要有度量，好的給別人，不可執著」。

綜觀老和尚開示「苦行」的內容，乃偏重於修行人面對外境「事物」考驗的反應；而開示「忍辱」的內容，則偏重於對來自外境「人物」刺激的因應；二者的共同點是：皆講求「六根對六塵，不起虛妄分別」的功夫。以下這則開示，或可說明所謂「來自外境人物刺激」的應對之道——

民國六十八年農曆十一月十七日，一大早，承天禪寺住眾皆勤於灑掃等作務時，老和尚對一位正談論他人是非的出家弟子告誡：

有功夫的人，耳朵不聽人的是非，眼睛不看人的善惡。人家毀謗我們，罵我們惡人善人，都當做沒聽到、沒看到，收攝六根不外馳。只有那些沒功夫的人，才整天窺伺他人的是非，斤斤計較！

什麼是「忍辱」功夫的真實表現呢？老和尚的開示中明確指出：一個人不會因為別人行為的好壞而起貪著或憎惡之心，因為「別人不好、別人的習氣，那是別人的事；如果我們拿來起煩惱，那就是自己的愚癡」；所以要好好按捺這個心，不因人而起煩惱。如是，無論境緣是好是壞，「能保持這個心不動，便是忍辱」。老和尚認為，修行人若能突破「忍辱」這一關，以後遇事就比較不會起煩惱；他希望出家弟子在這方面務必要好好學、好好磨鍊，「如此業障自然消除，身體自然也好起來」。

九十歲時，老和尚在客堂對出家弟子開示：

忍辱是修行之本，戒中也以忍辱為第一道，忍辱是最大福德之處；能行忍的人，福報最大，也增加定力且消業障、開啟智慧。

而凡事能行忍辱的人，其智慧日漸明朗，處事接物觸類旁通，自知該如何應對；所謂「智慧如海」，便是由忍辱的行持磨礪出來的，由此更能引發出神通。此誠老和尚親證的智慧心語！

佛典中，亦多言及「忍辱」行之力用的經文。《佛遺教經》云：「忍之為德，持戒苦行所不能及。能行忍者，乃可名為有力大人。」又《四十二章經》云：「忍辱多力，不懷惡故，兼加安健。忍者無惡，必為人尊。」大凡能成就一番大志業的佛門行者，皆是「八風吹不動」的安忍大力士。是以老和尚有言：

出家，主要在演「忍」這場戲；

演得過，就是佛菩薩！

老實念佛，淨業成就

廣欽師在泉州承天寺的第二年（二十八歲），接受宏仁法師「禪淨雙修」之提點（坐禪、念佛，皆為不識字者可行之道；尤其念佛法門，行、住、坐、臥，皆可行持，最是方便！若能念到一心不亂，可消宿業、開智慧）；從此老實念佛、勤修禪定，更在四十歲之前證得念佛三昧。

而從五十六歲來臺，直至圓寂，老和尚始終不改題目，概以「老實念佛」作為自行化他的不二法門。八十三歲時，曾對來訪的宣化上人說：「我是念佛，遇到什麼事，只要一句『阿彌陀佛』就行！」

老和尚八十九歲時曾說：「一切法門中，以專一念佛，效果威力最大。」為何他如此推崇淨土念佛法門呢？因為，他根據自身修行的經驗，獲至如下的體悟：

萬法歸一宗，到最後還是要念阿彌陀佛。念佛修苦行，才能究竟了生死。是以學佛人念佛，便是要在紛擾的五欲、六塵境緣中，找出一條超越生死輪迴的路；念佛念得越多，善根增加、正念增長，才不會隨妄念、業障流轉，也才有辦法了生死、出輪迴。「眾生隨業轉，各人業障不同：不能轉業，就得輪迴、煩惱無盡……人若知道信佛，回頭念佛修道，定業可轉。」老和尚剴切規勸信眾：要一心念佛才能了脫生死，如不念佛則隨業轉；「念佛則隨佛轉，造業則隨業轉」，隨佛轉至西方極樂世界，隨業轉則淪落六道中，老和尚明白揭示念佛的殊勝與重要！

如何用心念佛？老和尚於八十九歲時曾開示：

現前第一念是念佛，全知是佛念，就是一切音聲是念佛聲；鳥聲、車聲、人聲等皆是念佛、念法、念僧，攝一切音聲、一切現象界入佛音，勿為所轉。

這是他當年親證念佛三昧的經驗談。

老和尚開示中亦提及：念佛的功德很大，如果能攝心專注、不間斷地念下去，心自然會安住、自在；不但不隨欲境而轉，反而有力轉境！並強調：「念佛法門普攝群機，最好修也最快、最直接，最適合我們現代人的根基。」行者千萬不要小看這句「南無阿彌陀佛」：

這句是大乘法，要念得好是不簡單的！印光大師說：「一句阿彌陀佛若念得好，成佛有餘！」不要煩惱沒有時間修行，若能行、住、坐、臥隨時都能念佛，就是修行。

當然，老和尚也提醒：

要成佛道並非單純念佛而已！念佛可增加佛根種子；善根利的人，將來還會有因緣入佛門修行。修行人念佛，本身還須受種種的病難與劫厄，以消宿世來的業報；所以修行人都要吃苦，受種種的劫報，方能成就佛道。釋迦佛不是一世便修成的，他也是經多少的阿僧祇劫，受了多少的苦厄，才修成道的。念佛有助成就佛道；但要成就佛道，除念佛外，還須透過種種的磨難與考驗，直到業盡情空、圓具三德，是多生累劫修行的成果。

老和尚開示「念佛的法益」，除了有助解脫生死輪迴之苦、成就佛道外，尚有下列數項——

一、念佛助祛妄念、消業障開智慧

有人問老和尚：「開始打坐時，妄念很多，如何對治？」

答：「妄念多，就是業障。去妄念，念佛較易。另外俗緣要少，也很重要。」

復次，老和尚曾開示：

若人一心繫念佛，則念佛可掃妄念、垢塵。一心念去，至業障消盡，則智慧眼開、心無掛礙，自心則比西方境。

真心想修行者，應福慧雙修、隨緣消舊業：方法是拜佛、念佛、做常住的工作、不計較；若計較則生煩惱，即造新業。「我們皆是帶業來的，故病苦多；少殺生、多念佛，就會消我們的業。」即便是出家眾，同樣帶有累劫所造的罪業劫數、怨親債主：「這些都會來討，我們要念佛，靠念佛的力量，一關一關地打破。」老和尚如是殷切地叮囑！

又，老和尚九十二歲時，於承天禪寺教誨住眾：

照師父的話修行，邊做邊念佛；去我執和法執，智慧才會開！智慧是無色相的，抓也抓不到；智慧開時，自己也不知道；碰到事情一動，就知道如何去處理，這才是智慧。

強調念佛有助除妄執、開智慧！老和尚還曾以自身的體驗，開示弟子：「不用多看書，只要多念佛，智慧一開，經藏自然在你心中。」肯定念佛念到某個程度，經藏智慧自然在心中！

二、念佛助通氣脈、為阿伽陀妙藥

一位醫師問老和尚：「如何打坐才能打通氣脈？」答：「不必打氣脈，一心念佛證念佛三昧，所有氣脈自然全部打通！」

老和尚九十二歲時於承天禪寺曾開示：「身體有病，吃什麼藥也沒有用，念佛沒事就好了，阿彌陀佛是無上醫王。」弘一大師在〈人生之最後〉演講中，也說過：

阿彌陀佛，無上醫王，捨此不求，是為痴狂。

一句彌陀，阿伽陀藥，捨此不求，是謂大錯！

佛教所謂的「阿伽陀藥」，是指極其珍貴、能普去眾疾的不死之藥，通常用來譬喻佛法能對治眾生因無明而引發的色心諸病。老和尚也曾指出，我們這肉體（假體）難免有病苦，但這屬小病；妄想貪瞋癡才是大病，有妄想就要繼續輪迴！有病苦時，當勉強自己多禮佛，業障才會消；而為了保持臨終的正念，平常就要多服「阿彌陀佛」的藥。

為何一句「阿彌陀佛」是無上妙藥呢？《印光法師文鈔．募建藥王蓬序》中，有很詳細的說明：

大覺世尊，名大醫王；普治眾生，身心等病。
所用之藥，其數無量；戒定慧三，攝盡無遺。
以故此三，名為藥王；若能服之，即凡成聖。
然藥雖美妙，修合實難。
而信願念佛，求生西方，名為阿伽陀藥；
萬病總治，下手易而成功高，用力少而得效速。

懇切倡導「信願念佛」一法，乃藥王中之藥王也：上中下三根，即生得以出離苦輪；聲聲佛號，念念具足戒定慧三法。是以歷代淨宗祖師大德，皆極力倡導念佛法門！

老和尚開示中，曾強調佛教與道教的修行目標不同：佛教是為了生死、出三界（基本功），道教則修長生不老（有些很精進修道的人，也有一個羅漢體）；但即使活千百歲，仍不究竟、生死未了！因此老和尚指出：

佛教的羅漢修生死的解脫，要斷除見思二惑，要能捨身、不顧這個身體；不怕苦，修身口意三業、六根清淨，才能解脫生老死苦。

因此他鼓勵出家弟子，放下四大假合、終歸幻化的身體，不要太愛惜它，但要照顧好它，才能安心修行。吃飽、穿暖、睡飽，有體力、精神即可；反之，若貪著則易失道心。最重要的是，今生要利用這難得的人身，好好修行、念佛求生西方，以解脫生死輪迴之苦。

三、念佛助心定、心淨佛土淨

老和尚晚年，曾對來參訪的曉雲法師及其帶領的蓮華學佛園師生開示：

初學佛入門就要念佛，心心不離佛，心定就是禪、有佛有淨土，初步是訓練身、口、意。我們出家了，就要找那個不生不滅的東西；在念阿彌陀佛中，一面做苦工，頭腦才不會亂想。

強調念佛有助止息妄念、安定心地，心定即是禪。老和尚推崇「靜坐念佛比較不會走錯路（出問題）」，民國六十二年便曾對一請教坐禪問題的居士開示：「打坐很危險，說墮落就墮落！念佛最好，會開智慧。」認為「念佛即活禪」：我們靜坐累了，就起來跑跑香、念念佛，心離境即是禪！

民國六十四年農曆十二月十一日，有一居士請教老和尚修習禪定之法。老和尚回答：念佛打七為的就是幫助學人修習定靜，能於念佛中一心不亂，便有機會證得念佛三昧——西方淨土即在心中顯現（念佛於念念無念中，其阿賴耶識即頓時直趨虛空，可見西方淨土）。

再者，民國七十一年農曆十月二十六日，老和尚於承天禪寺為參加懺雲法師主持的佛七大眾開示：打佛七是為度眾生往極樂世界，如能念佛念到一心，則十方國土皆可到；雖然身處娑婆世界，但因念佛「心淨佛土淨」——心清淨無煩惱、無妄想，所處之境即淨土。

又，打佛七時，如何修得「一心念佛」呢？老和尚開示：心心不離佛，念得清楚、聽得明白；要字字清楚，用心想、用耳聽、用口念；要攝心專注佛號、萬緣放下，沒有能念、所念，大家都依此佛號音聲而念才能一心。老和尚之前也開示過：

> 念佛要具信、願、行三力，要能引聲念佛，大地一音：即各種聲音入耳，即轉成念佛音，而無分別、不被轉去，方名一心不亂。

若能將一切聽聞的聲音（鳥聲、車聲、人聲等），皆轉為念佛、念法、念僧的正念，攝一切現象界入佛音、不為所轉，方名用心念佛！果真能如此用功念佛，直念到心清淨、沒煩惱時，就可見到心中的那一尊「自性佛」。此即老和尚所謂的「花開見佛」也！

回憶老和尚來臺初期，於臺北法華寺夜度日本鬼魂時，周宣德居士曾問他：「您老總說念佛，可是未見您口動或出聲，究竟如何念佛？」老和尚回答：

念佛重在「心念」、「專精」且晝夜不間斷、不雜亂；若能口念、耳聽、心想就是下手功夫，慢慢自可做到不分晝夜，一心念佛不亂。由於念佛得定而發慧，必有成就。

可見念佛重在心念。雖可因地制宜，但無論出聲或默念，皆須依循《楞嚴經．大勢至菩薩念佛圓通章》所示：「都攝六根，淨念相繼，入三摩地（三昧、正定），斯為第一。」

老和尚一生功行，得力於念佛法門殊多，是以孜孜勸勉有緣人：

婆婆世界是我們客居的地方，一切皆幻化不實，如戲夢一場，到頭總是空；不要貪戀婆婆世界的一切，放下萬緣、念佛求生西方，阿彌陀佛才是我們究竟歸依處、是我們的故鄉。

死生事大、無常迅速，一口氣不來，生命就結束了！老和尚警惕大眾：「趕快勇猛精進、莫放逸，多念佛是當務之急！」若能精進念佛，念到「離一切相的清淨無礙」，便是「真正究竟的西方」現前。

禪行攝養，持戒為先

廣欽師二十八歲時接受宏仁法師「禪淨雙修」之提點後，自此潛心念佛，惟仍維持夜間禪修、打坐的習慣。在泉州承天寺苦行十多年後，擔任香燈師；某次因睡過頭，延誤打醒板的時間。為免睡魔再度誤事，他乾脆不回寮房養息，就在大殿打坐，從而練就了「不倒單」的本領！

民國二十二年，廣欽師圓受具戒後，成為正式的比丘，也才擁有後續獨自入山潛修的資格（推測在民國二十四年底或翌年春，他藏身泉州北邊的清源山岩洞苦修，直至民國三十年前後返回承天寺）。入山前夕，宏仁法師授予他「臨濟法牒」，乃成為臨濟宗之法嗣。居山期間，曾入甚深禪定，差一點被誤以為入滅而遭火化！民國三十六年，老和尚渡海來臺，直至圓寂，當中亦有多次入定數日的紀錄。

來臺後，老和尚展現其色身不畏寒冷、物質需求極簡約的苦行僧風貌；凡來請益或問難者，率皆不假思索、應答自如，句句閃爍著從自性所開顯之智光。其種種超凡入聖的行誼，誠得力於定慧等持之深厚禪功！大定悟大慧，大慧孕大悲：老和尚禪定功深、內明開顯，具足大智慧與大慈悲；故能以大無畏的精神，踐行其「不為自己求安樂，但願眾生得離苦」的大願行。

苦行入道的老和尚，以念佛、打坐參禪為其「自度」的「唯二法門」（惟曾自言：偏淨土念佛法門），也因其精勤不懈之實修而累積無量的度生德能；至於在「度他」（對信眾）的開示中，老和尚似唯一推崇念佛法門。對於打坐參禪的提問，或導歸淨土、或略作提點、或「禪話」以對（廣義的「答非所問」），真是禪趣十足；實際上，這些「不按牌理出牌」的回應，可能是老和尚慈悲應末法眾生根機的權巧施設——希望有緣人，能因念佛而收實修的法益；避免眼高手低者，虛耗心力於紙上談兵的「口頭禪」！

以下，試歸納老和尚開示中，有關禪行攝養的要點如下——

一、什麼是「禪」？

老和尚曾說「心離境即是禪」，又說：

行住坐臥都是禪，不是只有「坐」才是禪。時時保持內心寂靜、不分別，就是「禪」。說明白一點，「一心」就是禪。

禪非關色相、非關話頭（參話頭是參佛），不在講說、不在弄神；只求入定，能定就有禪。

這些有關「禪」的開示，符應漢譯佛典對於「禪」（原文是「禪那」），

dhyāna）一詞的意譯為「靜慮」、「思惟修」：靜心息慮、一心專注，能如實思察所緣境之妙用；所成就之心體為「寂靜」，與禪宗之「禪」所成就之體為「涅槃之妙心」有別（根據丁福保《佛學大辭典》之說）。然而，這並不代表老和尚不懂禪宗所成就之「妙心」，而是他隨機施教之方便說法。

根據老和尚的開示，吾人若能隨時保守「一心不亂」的功夫，就是行禪；因此行、住、坐、臥，一切日常生活皆可表現禪定功夫（而不限於打坐）。古德亦有言：「心無妄念即禪。」又云：「行也禪、坐也禪，語默動靜體安然！」

二、如何習禪？

習禪的目的在於靜心息慮，進而淨心起觀；習禪的方法，可依個人的主客觀條件，或打坐、或念佛、或持咒、或修觀，無特定的形式。老和尚以其禪修經驗，有如下相關的提點：

（一）戒行清淨，定慧之基

老和尚本身持戒嚴謹、恪遵佛門風規，於四十二歲受戒、具足比丘身分後，才如法入山潛修。民國六十三年農曆七月十二日晚（地藏法會期間），老和尚於承天禪寺的開示中，強調出家須修苦行、修戒定慧；受戒後，要依據經律論持守戒律，才能進一步修出定慧。民國六十九年農曆十二月二日，又指出：

出家人就是在修六根對六塵的貪欲，解脫色身之束縛；不著五蘊的色相，坐無相禪。若著有相坐禪（或有形式的用功），則會增長我慢貢高（執有一個我在做什麼）。依戒律的慈悲，才是真正的慈悲。

至於如何修到五蘊皆空呢？老和尚的回答是：「必須持戒、忍辱、勇猛精進、改脾性，必須打破無明。」同樣是以戒律的行持為坐「無相禪」的首要條件！以下這則事例，即為明證之一——

民國六十八年農曆十一月十七日清早，老和尚諄諄開導一位被人我是非所困的出家弟子：先是勸勉他「收攝六根不外馳」，最後語重心長地提醒：

戒行清淨、六根不染，是入禪的第一步基礎；要如龜縮頭，住於清淨無染。六根不淨，妄念尚存、無明未破，便無法開悟。禪堂打香板，就是在打你的無明。

《楞嚴經》云：「攝心為戒，因戒生定，因定發慧，是則名為三無漏學。」三無漏學（戒定慧），為佛弟子修學綱要；箇中，以「戒學」為基本功。《華嚴經》云：「戒為無上菩提本，應當一心持淨戒。若能具足持淨戒，一切如來所讚歎！」可見，無論是教下修禪定，或是禪宗參禪開悟，皆因戒行清淨而奠定良好修學基礎。

反之，若戒行不清淨者，可能要先依老和尚所言，自問：「有無學禪之根基？」因為，若缺戒行精嚴之基，行者不坐禪則已，一坐即妄念紛飛（業識如瀑流）；不但無法專注於止靜的修習，反而常起煩惱。若然，老和尚認為：「不如不習為佳！」

此等行者，宜先修懺悔法門，淨化身口意三業；復以戒嚴身，方具足學禪之根基。見諸若干佛教道場，每於鄰近禪堂處設有懺悔堂，是亦傳承源自唐代「禪戒相彰」之古風。

（二）遠離塵囂，自觀自在

民國六十五一月十一日，一隨從懺雲法師謁見老和尚的信眾，請示「修習禪定」的方法。老和尚建議初習禪定者，先檢視自身具備修禪之根基否（如前文所述）；接著，老和尚以其自身潛修經驗，指陳：「修習禪定者首須遠離囂攘之境地，不懷有任何怖畏之心，始能習禪。」其次，進一步「應離開城市村落，於極靜之野外，靜坐些時，體驗鳥鳴蟲叫、風吹雨打各種音響是否無擾我心？不受驚動？不生煩惱？見蟲蛇野物而不懼？見而無見，能領會而定靜，即可長久習持。」

是以遠離眾聲喧譁、外緣紛擾的「原棲地」，學習獨處無畏、勇敢面對自己內心世界，為初學者的第一課；接著，進階訓練自己置身野外，內心不為任何眼見耳聞之外緣所動，如此方取得長久習禪的資格！

民國六十七年四月九日，藍吉富老師帶領佛光山中國佛教研究院研究部的學生向老和尚請益。期間，有一法師問：「打坐要從何學起？」老和尚答：「從觀自在學起。」這個蘊含禪機的答覆，對於已有禪修基礎的「老參」而言，還真是一帖有助回頭醒腦的藥方。

蓋「觀自在」即時刻觀照、守護一己清淨自性；主人翁（心王）現前，便能令六根對六塵，依智而不依識，就可自觀自在矣！亦即宋朝性空妙普禪師：「學道猶如守禁城，晝防六賊夜惺惺；將軍主帥能行令，不用干戈定太平。」所示之境界！

民國六十九年農曆十一月廿三日（冬至），老和尚復開示：

靜坐，是坐無色相，不是滯靜；離一切相，心無所著，才是靜坐的意義。由這清淨空無色相中，行、住、坐、臥尋得一不著一切的法，心無所貪戀、愛著，而走出生死，入解脫之道。

老和尚婆心指點，直示靜坐的真實義！

平心而論，無論是對初機還是資深的禪行者，老和尚上述「超級專業」的修習標準，誠非泛泛之輩所能企及！加上隨著禪功的提升，相對的魔考亦伺機而動；若無佛力的加持與明師、善知識的提點護持，就容易走火入魔、前功盡棄（老和尚曾因深入禪定、停止鼻息，而險遭火化）！正因為「打坐很危險，說墮落就墮落！念佛最好，會開智慧」，所以老和尚鼓勵信眾「靜坐念佛比較不會走錯路」。

（三）念佛即活禪

老和尚曾對想效學他入山閉關習禪的出家弟子開示：「出了家要多念佛，不一定要坐禪，功夫不到亦著魔！」也曾對承天禪寺住眾開示：

念佛即活禪！有的雖說閉關，可是還想得很多，心裡不清淨。我們是靜坐累了，就起來跑跑香、念念佛，心離境即是禪。我們要維持正念，我們裡面還有很多壞的、不好的。

強調以念佛維持正念，「淨心離境」即是禪定功夫的展現。

民國六十八年農曆八月十八日，有一位新皈依信徒請老和尚教他坐禪。老和尚說：

念佛就可以！念佛念到正念現前，沒有雜念、心安定下來，自然就會坐得好、坐得久，這是最快的方法；否則，一坐下去，都是妄想紛飛。

舉凡有關禪修的提問，老和尚大抵皆以「老實念佛」此一標準答案回應。

民國七十一年農曆十月廿六日，九十一歲的老和尚於承天禪寺大殿，為參加佛七（懺雲法師主持）的信眾開示：

念佛定來即是禪，故說要有禪有淨土。念佛隨緣，什麼事情都在念佛中隨緣；沒有說我要念多少佛、我在念佛、我在作什麼……心心不離佛，行住坐臥、一舉一動，腳踏一步也在念佛。念佛的力量集中可達三昧，念佛三昧不簡單！

此番「念佛定來即是禪」、「念佛的力量集中可達三昧」的心語，出自曾親證念佛三昧的老和尚口中，想必可發揮「廣攝有緣人老實念佛」的功力！

以願堅行，普利群生

年輕時，懷抱著尋找「解脫生死之道」的願心而依止佛門的廣欽師，自出家至圓寂始終未忘其初衷；只不過，四十二歲因著圓受三聚淨戒（攝律儀戒、攝善法戒、攝眾生戒）成為大乘行者的比丘後，其願心由單純的自度，擴大為以慈心攝受利益一切有緣眾生；只要一天為僧，他就傾全付身心性命，踐履弘法利生的天職！

民國三十六年，五十六歲的老和尚本著與臺灣有緣，懷抱以身示修佛範、建道場、度眾生的宏願，渡海來臺，冀導正當時臺灣佛教的流弊（受日本神教影響，僧俗不分）。民國四十年，於新店廣照寺向前來祝壽的緇素二眾，表明一己心志：活著就是為了「辦道苦行、廣度眾生」，若貪圖名利、享受，「不苦修、不度眾，則多活一天就多一天的罪業」。

老和尚認為，從初現僧相，直至「肉身躺下去停止呼吸」，皆不可一日或忘自行化他、續佛慧命之本願！他本身亦如說而行，在示寂的前兩天，還親自敲木魚，教導弟子念佛聲調；而在示寂的最後一刻，仍不忘以遺命偈「無來也無去，來去無代誌」，圓滿此生與信眾最後的法緣！

老和尚此世踐行慈悲度生之大願，感召佛菩薩與天龍八部的護佑，從而具足普利群生的廣大威德。細數受其度化的眾生：始於泉州清源山穴居時，為原穴主「虎兄」及其家小授三皈依與說法。下山回寺前，收了第一位在家弟子；五十六歲來臺前，在泉州承天寺收了第二位在家弟子林覺非。

來臺後不久，即夜度臺北法華寺的日本鬼魂；五十七歲自新店水濂亭「移居」小獅山石洞（後開鑿為廣明巖寺），逐漸有人來皈依，進而有跟隨他出家的弟子！駐錫新店的兩三年間，老和尚極力倡導戒殺護生之觀念，促成當地人採行「戒殺普度」之供儀若干年。

老和尚於六十歲時移錫土城、三峽交界處的天然岩洞（日月洞），此時已有同修之出家弟子數人；漸漸地，聞風而來常住共修的在家眾亦多達十多人！六十二歲那年，老和尚於成福山頂，搭茅蓬自住；某深夜，為一意外出現在茅蓬內之大蟒蛇，授三皈依。

隨著依止、求法人數日增，老和尚為了方便信眾親近三寶道場，才有建寺安僧、接引信眾的念頭，與承天禪寺的興築。民國四十九年通車的中部橫貫公路，先前也因老和尚慈悲坐鎮天祥，化解該處抗日高山族的冤魂，工程才得以順利進行。

回顧老和尚自民國四十九年駐錫承天禪寺，至民國七十五年圓寂；期間多安止寺內，偶應請至各地遊化，皆不忘一己出家的初衷，善盡守護僧格、弘法利生的本務。晚年，他曾開示出家弟子：「早上醒來先摸摸頭，為什麼要出家？為了脫生死、不受輪迴而出家，故要提起道心。」自明出家之志、不失道心，才對得起身上這襲僧袍與尊貴的出家身分，力行「上求下化」的四弘誓願。

民國七十年農曆一月八日，老和尚於承天禪寺客堂，對一群出家眾開示：

修行成佛，行菩薩行，乃至廣度眾生，都是靠我們內心的願力；如果內心的願力堅強，必能度過重重難關而心不退轉。如果確實是腳踏實地，有行持到那個程度，自然佛菩薩及天龍八部都會感應擁護，而達成願望！

這是老和尚自出家後，將近五十年「自行化他」的心得。明此即可理解，老和尚之所以能感召一百五十多位出家徒弟與徒孫歸投佛門修行、以及海內外和社會各階層多達四十萬人成為其皈依弟子的原因了。

民國五十三年竣工的承天禪寺舊山門，正面楹聯為「常宏本願為菩提道，放下此心入解脫門」，背面為「廣大悲願救度一切眾生脫離苦海，欽涵福慧普施萬類有情圓證菩提」，堪稱老和尚此生「以願堅行、普利群生」之絕佳寫照！

而承天禪寺楹聯「承教做事念佛，開發自心福慧；天然三學圓滿，隨處感化含靈」，則彰顯寺眾繼志老和尚自行化他的慈悲願行。

老和尚每苦口婆心提點出家眾要勇於「發心立願」、以平等心「慈悲度眾」，謹簡述其相關開示法要如下——

一、無願不足以堅行

願力可助修行人突破業障逆境的考驗，堅定成佛度生的信願行。老和尚八十八歲時，對承天禪寺一出家眾開示：

學佛要具足信、願、行，僅有信還不夠，還須要有成佛度眾生的願力；這樣遇到業障逆境時，才有辦法以這個願力來堅定自己，不致退心。只有信念而無願力的人，遇到逆境很容易就退失道心的。遇到逆境時要以念佛來克服它。

老和尚強調，出家要依「願成佛度眾生」的願力去行，才能成就，否則不會有什麼結果；縱使念佛求生淨土，也要有成佛度眾生的願力，才能與阿彌陀佛的慈悲願力感應道交！

缺乏願力，修行終難有成！民國七十年農曆一月十一日午後，一來自獅頭山的法師與同行共四人，至承天禪寺參謁老和尚並請求開示。席間，有人問：「我們念佛常常昏沉、散亂，這是為什麼？」老和尚答道：

沒有願力！如果有願力，自然會將我們在社會中放逸慣的心，收攝起來；一心念下去，妄念自然就消失。

缺乏願力的驅動，連念佛都無法上手，更遑論成就道業！反之，縱遇業障逆境現前，便有足夠的心力加以克服，不致打退堂鼓、退失道心。

有願，則諸護法利生事可成！老和尚曾以虛雲老和尚為例，證明：真為修行，龍天護法自然擁護；不只身心無所畏懼，外物亦不能傷害。老和尚說：「虛雲老和尚朝山時，赤足、一只椅、背包袱，忍飢過日；朝到那裡算那裡（明天的明天再說），心中無所住，都有龍天在護持！我們就是沒有願，有願則什麼事情都可以做得到。」

因此，老和尚鼓勵發心學佛的人，要效法佛菩薩：每人至少發一個弘法度眾、圓證佛果的願（而不是蓋大廟、住得舒服一點），永持勿失，直到成佛而後已！發願「別人都先成佛，我才成佛」；發願以修苦行來消弭無始劫以來的業障、習氣；發願念佛生西方，脫離輪迴之苦！

二、慈眼等視眾生

《妙法蓮華經．觀世音菩薩普門品》偈頌：「慈眼視眾生，福聚海無量。」老和尚從平等性智所興發的大悲願行，讓他不只廣度有緣人，還澤及人人避之唯恐不及的老虎、蟒蛇與鬼道眾生等，也從而積累了深厚的福德資糧。

老和尚心目中的「有緣人」，也包括世俗中會引起公憤的「壞人」。七十三歲時，他對擅自散盡承天禪寺積蓄的原執事僧侶，不但毫無怨懟之心，還說：「好人要度，壞人也要度。我們應該慚愧，自己德能不足，無法感化他們，不應以瞋恨對瞋恨！」

民國六十八年農曆二月二十一日，八十八歲的老和尚教導一位初任寺務處書記職、尚不熟悉如何與信眾應對的新出家眾：無論來者其世俗身分的貧富貴賤，只要他們走進佛門，寺僧一律慈悲、平等對待之；出家眾生生世世要廣結眾生緣，在度眾成佛的過程中才會具足殊勝因緣！又，莫道眾生的善惡，因為「一切的善惡都是我們的分別；如果真正會修行的人，一切眾生都是我們的善知識。」此與宋朝佛印禪師以「佛眼」觀蘇東坡，所以他眼中所見蘇東坡為「一尊佛」的故事，似有異曲同工之處！

吾人的分別心，從何而生？民國六十八年農曆十一月十四日，承天禪寺香燈師因與執事人意見不同而大起煩惱；老和尚見狀，便提點該香燈師：出家人要學習以平等慈心對待善人與惡人，於順境不起貪著心、於逆境不起憎惡心；「那些刺激我們的，才是我們真正的指導者；入寺沒刺激，便沒修沒行！」老和尚接著說：

不可起憎惡心，來分別那是惡人是壞人；是我們自己不夠那個道行來接納對方、不夠那個涵養來與人善處，錯是錯在自己的耳根、眼根的分別業識，這便是我們與生俱來的習氣，我們就是被這些習氣障礙住。

而出家修心，就是修六根對六塵不起虛妄分別，致力於革除習染、淨化心地。老和尚有言：「沒有分別心，心淨則是佛。」是以執事僧人與十方緇素二眾接觸，一律平等對待，不起好惡等分別心！

為何要慈悲善待眾生呢？從業感緣起的角度而言，眾生皆隨順各自的業力於六道中輪迴，多生累劫以來，可能互為親戚眷屬或怨家債主。一個發心修行、懷抱成佛度生大誓願力的行者，除了消極地「隨緣消舊業，莫復造新殃」外，更要積極地發大悲心，怨親平等地度眾。民國六十九年農曆十月十七日，老和尚開示一位出家眾：

別人對我們越是不好，我們越是要發慈悲心善待對方，要對他越好、越要度他；不可像俗人一般起瞋心、結怨仇，出家人心要無瞋。

民國七十年農曆一月九日，老和尚在承天禪寺對一名鄭姓信徒開示，鼓勵他度家人念佛、拜佛，出離生死輪迴之苦，方名大孝報恩；更要效法發願「地獄不空，誓不成佛」的地藏菩薩，誓度一切有緣眾生。

又，為何要吃素？當年在泉州清源山時，老和尚之所以能與老虎和平共處，就是因為他「徹底斷除瞋恨的習氣」；「我無惡意，牠也無惡意」，人虎彼此「以心動心」，遂成就了「老虎皈依」這樁令人嘖嘖稱奇的美事！

民國六十九年農曆六月八日傍晚，老和尚與兩位遠道而來的客僧（宣化上人出家弟子）對談，亦提及「斷肉食、戒殺生」是出家人必須嚴格遵守的戒規。老和尚感嘆，人道是四生（胎、卵、溼、化）中最具靈性的，可惜人們惑於不知佛法因果，為了一己的口腹之欲，就任意宰殺禽畜，也因此與哀鳴含怨而死的動物結下了冤業；將來冤冤相報、輪迴不已，永無出苦之期。出家受戒要戒殺，即是這道理。老和尚說：

戒經中告訴我們，不可傷害一切有情眾生，不可殺害生命，要我們去遵守；而在我們修行功夫尚不能持得很清淨、完全不傷害到生命時，我們必須持「不故殺」的原則，否則便有過失。

吃素可免造殺業，不跟畜生道眾生結惡緣；更重要的是，藉著茹素護生，長養慈悲心。老和尚開示：「出家是慈悲為本，方便為門。大悲是體，一切都要從慈悲中出來。」印順導師在《學佛三要．慈悲為佛法宗本》中，亦明示「慈悲是大乘行果的心髓」，捨離慈悲，就不會有菩薩、佛，更不會有佛法的住世！如宋朝黃庭堅〈戒殺詩〉云：

我肉眾生肉，名殊體不殊；原同一種性，只是別形軀。
苦惱從他受，肥甘為我須；莫教閻老斷，自揣應何如。

明智之士，自是歡喜茹素，慈悲善護有情眾生；而老和尚最常勸誡在家信眾的話，便是：「念佛，不要吃肉！」

貳・禪燈續明，道範流芳

承天寺較不自由，有種種束縛，但這卻保持承天寺的規矩、莊嚴。苦行中磨鍊出來的解脫自在，才是真正的自性西方境界。

老和尚一生以願導行，直到示寂前，仍不忘其為僧、為師之職志，正念分明地以遺命偈點燃眾弟子的慧命之燈。

圓寂後，其從自性流露的智慧法語，隨著承天禪寺弟子彙編的《廣公上人事蹟初編》與《廣公上人事蹟續編校訂本》的陸續增修，以及後續相關文本、影音視頻等的大量流通，持續在人心失調、生活失衡、生命失落的當代社會，發揮心靈導航的作用；如一盞永不熄滅的禪燈，引領在生死苦海載浮載沉的有緣眾生，勇渡至解脫無憂的彼岸！

366

套用老和尚八十八歲時對一位寺眾的開示：「你看看過去祖師們的書，那些祖師並沒有走，他們還在對我們說法。」如是，當後人展卷恭讀老和尚開示錄時，老和尚並沒有走，他還在婆心懇切地為大家宣說離苦得樂的解脫正法！

傳承法脈

而承天禪寺第二代住持傳悔法師口述、釋道邊記錄整理的《覓菩提》，與老和尚徒孫釋道證所講述的〈念阿彌陀佛就是總誦〉（摘錄自《傾聽恆河的歌唱》）、《毛毛蟲變蝴蝶之二～三》（詳述廣欽老和尚的修行考題）等撰著，則有助讀者從老和尚嫡傳法嗣的角度，見識到高明的老和尚如何煞費苦心、善用機緣，點化弟子破除我執的習染；並教導弟子以念佛、發心為常住做事，安頓一己身心，從而蒙受修行的真實法益，從中可明顯感受到業障消除，身心日趨清淨、安定！

是以上述在信眾間廣傳的撰著，對於老和尚慧命心燈的傳遞，亦發揮了燈燈相續、明照人心的作用；而有緣的讀者也得以承接老和尚的法教，並透過實修滋養自己的法身慧命。

承天禪寺、廣成岩與妙通寺，在老和尚圓寂後，皆遵循老和尚生前的囑咐，分別由傳悔法師、傳斌法師與傳聞法師擔任各寺住持。隨著歲月遷流，三位「傳」字輩的住持分別謝世；而各寺亦隨順不同的因緣，在弘法利生方面發展出不同風貌。惟承天禪寺始終保持老和尚在世時的道風與規範：以念佛、苦行，達成個人了脫生死、往生彌陀淨土的目標；以慈悲平等心行，實踐度化有緣眾生的宏願！

「無規矩，不足以成方圓」，承天禪寺初創時，老和尚即制訂寺中行事、課誦與法會等規矩，目的是為了陶鑄高尚的僧格、莊嚴寺眾的身口意三業，共同成就如法修行的道場。老和尚九十歲時，在承天寺客堂對大眾開示：

承天寺較不自由，有種種束縛，但這卻〔能〕保持承天寺的規矩、莊嚴。苦行中磨鍊出來的解脫自在，才是真正的自性西方境界；自此脫去，直接往生西方，這才是究竟的。

而凡能遵循寺規、如法依教奉行者，才是他的好弟子，也才能安住道場、感召護法諸天的擁護，在未來的劫數變動中，承天寺方得以免過劫難！老和尚曾如是說。

第二任住持傳悔法師，於民國九十年一月廿二日（農曆臘月廿八日）安詳示寂，繼任者為道求法師，現任住持為道等法師；現有出家常住眾近六十人，女眾四十多位、男眾十多位。

老和尚住世時的祖師堂，已改建為廣公紀念堂，內供奉老和尚等身禪座塑像（名雕塑家翁松山居士，於老和尚八十多歲時上山塑像）、舍利子（安置於大理石龕中）、蓮龕、護戒牒、專屬藤椅等，以及與老和尚有關的文物，包括：弘一大師墨寶（「有苦皆滅除，自心得安隱」與「少說一句話，多念一句佛；打得念頭死，許汝法身活」之複製品）、懺雲法師〈日觀〉畫作、先總統蔣經國先生敬輓之「大慈大悲」匾額、國畫大師張深澤（善靜居士，民國六十六年皈依老和尚）畫作「廣欽老和尚法相：〈澄潭印月〉與〈伏虎和尚〉」，以及泥畫家楊敏郎創作的〈廣欽老和尚泥畫〉等。第二代住持傳悔法師圓寂後，紀念堂裡也增設了與法師有關的文物。

上述有形有相的施設，皆為方便後人飲水思源、感懷師恩；惟來者若能進一步興發「善學者，繼其志」的情懷，老老實實地依照老和尚所示的修行法要精進道業，方堪稱是回報師恩、三寶恩的絕佳法供養，如《大方廣佛華嚴經．普賢行願品》云：

> 善男子！諸供養中，法供養最。所謂如說修行供養，利益眾生供養，攝受眾生供養，代眾生苦供養，勤修善根供養，不捨菩薩業供養，不離菩提心供養。

祈願老和尚於常寂光中灼灼朗現的慧命之燈，也將因此而燈傳無盡、光耀人間！

風範永在

民國三十六年，老和尚是乘著「樹正法幢、示修佛範」的大願船，東渡來臺的。抵臺初期，老和尚應請至法華寺（原為日本日蓮宗佈教所），可能也是本此願心。

民國三十七年，於新店創建廣明巖小寺；兩年後，擴建廣明巖，卻因護法仕紳「神佛不分」，致該寺淪為佛道混雜的寺廟。心繫「行佛事、度眾生」、「對名利無所著」的老和尚，只好與這群「唯香火錢是圖」的仕紳分道揚鑣，以保全一己的僧格、維護佛門的清淨莊嚴。日後（一九七〇年代），老和尚對於臺灣僧眾未能善盡教化之責，助使居士們明白「佛教的佛、菩薩」與「道教神祇」的差別，仍深心引以為憾！

民國四十九年，承天禪寺大雄寶殿竣工；雖然當時規模不大，對外交通亦非便利，但從翌年老和尚七十歲壽誕，近千人冒雨上山祝壽的盛況，可明顯感受到老和尚的德望，已然在教界、政界、文教界發揮了不可思議的影響力！

日後，隨著老和尚協助中橫天祥路段工程的順利進行、蔣經國先生等政要的謁見、宣化上人率同美籍出家弟子造訪、懺雲法師引領大專齋戒學會師生參訪請益、哲學大師方東美教授皈依、多所寺院（或佛學院師生）並佛教團體成員到訪叩問，直至妙通寺傳戒等，種種弘化因緣的示現，在在令有緣親近其法教者，銘感於心、終身受用！

民國七十三年，《十方》月刊同仁們專程上承天禪寺向老和尚請益。末了，有人問：「老和尚此生弘揚佛法，主要的大願是什麼？」「我一天到晚坐在這裡，也不知道自己在做什麼？」「這是大禪師的作為！」「多大？最大也不過我的椅子那麼大。」

對於已證入「無人、我、眾生、壽者相」、「自觀自在」的老和尚而言，一切度生佛事皆是因緣幻化的鏡花水月；雖度無量無邊眾生，而實無眾生得度者。所以，臨命終時，他可以如此灑脫、無礙地「無來也無去」，直示「涅槃無生」之理。

「學佛真義重在行」，這是倓虛老法師口述《影塵回憶錄》結語時，語重心長地勸誡佛門學教理之人：「切莫覺於口而迷於心，長於言而絀於行！」又指出：真正上根利智之人，其深厚宿根亦植基於「行門」之前因，諸佛菩薩等聖者皆然；「行」的功夫到家，自然就生出智慧來。其見解與老和尚不謀而合，皆是實修實證後，所吐露的心語。

環顧當前臺灣佛教界，既不缺講經弘法的法師與高學歷的佛教專業學者，也不乏發展教育、慈善事業等的團體；最欠缺的，恐怕就是如老和尚這般，以諸佛菩薩為師，以了生死、度眾生為願，以苦行、忍辱為鎧，以持戒、念佛為行，具足自度度人的「佛緣」與「佛報」，捍衛正法、針砭時弊的鐵脊鋼骨，以及不為名聞利養所惑的高風亮節！

老和尚一如相傳不識字的禪宗六祖惠能，無顯赫家世為靠山、無壯碩身形為門面，自幼孤貧無依；卻因其累世修行的福德因緣，於此世道心復萌、感得明師的提點，勤懇於心地法門的自我淬鍊，終成為垂範久遠的一代高僧。

圓寂前，老和尚慈悲以身示教，和盤托出其畢生修行所證悟的心要：念南無阿彌陀佛，就是「總誦」《大藏經》！相信這份彌足珍貴的聖言量法寶，將接引並強化有緣人對淨土念佛法門生起堅定的信心，從而發願念佛、修行；現世做一名出淤泥而不染的「人中之華」，來生得以榮登極樂蓮邦！

吾人更相信，老和尚稱性而談、智慧盈溢的開示語錄，也會如同《六祖壇經》一般，持續發揮啟導群萌的作用；其所示現的高僧風範，也將流芳百世！

附錄

廣欽老和尚年譜

歲數 — 西元 — 清末、民國紀元　資料出處（編碼對應「參考資料」之註記）

一歲　一八九二　清光緒十八年　①一七一（頁數）

農曆十月二十六日生於福建省惠安縣，俗姓黃、名文來。

四歲　一八九五　清光緒二十一年　①一七一　②二六〇

過繼給晉江池店鎮浯潭村李樹、林菜夫婦為養子，改名李欽山

五歲　一八九六　清光緒二十二年　③二一

五、六歲時，隨養母至佛寺禮佛。有位法師對他說：「給你種善根。」

七歲　一八九八　清光緒二十四年　①一七一

養母帶其禮觀音菩薩為契子（義子），自此隨母奉佛茹素。

九歲　一九〇〇　清光緒二十六年　①一七一

養父李樹去世。

十一歲　一九〇二　清光緒二十八年　①一七一

養母辭世。

十七歲　隨僑居南洋的堂伯移居馬來西亞柔佛州，於堂伯店中幫傭，依然茹素。
一九〇八　清光緒三十四年　①一七一
與在地同鄉結隊上山種膠樹、伐木。

十九歲　一九一〇　清宣統二年　①一七一
預感一運材推車將出事，向同儕提出警告，無奈有人不信，因而喪命！
據說曾罹患肺結核，昏迷中誤食消毒水；蒙觀音菩薩灌以甘露水，得以痊癒。

二十四歲　一九一五　民國四年　①一七一　②二六一
懷抱出塵之志，結束十三年的南洋寄旅，經海路回到泉州。

二十五歲　一九一六　民國五年　③二一
推測由高山亭賴素姑引介，至泉州承天寺住宿。

二十七歲　一九一八　民國七年　①七一　③一一二至一一三
承天寺轉塵法師收為該寺沙彌，法名照敬、字號廣欽。
專志苦行、忍勞耐煩：早晚上殿課誦，白天隨眾出坡勞動，並於寺裡廚房打雜。

二十八歲　一九一九　民國八年　①一七一　②二六二
專修淨土的宏仁法師鼓勵師：「如能加修智慧，則成功精進，當更快速！」

並隨機教導師坐禪、念佛之行法，尤重念佛法門。師自此潛心念佛，夜習禪坐。

三十四歲　一九二五　民國十四年　①一七一　②二六二

某次出坡受轉塵老法師教導，事後老法師叮囑：「多做事，多消業。吃人不吃，做人不做，以後你就知！」師恭謹受教，終其一生實踐「吃苦消業」之師諭。

三十六歲　一九二七　民國十六年　③二一　④八五

離寺至南洋數月後，返回承天寺，預備正式出家。

三十八歲　一九二九　民國十八年　①一七二　②二六三

對念佛法門頗有心得，體認念佛的要領在於：觀照六根，不被六塵境緣所牽引；直念到一心不亂、念而無念，臻心佛一如之境。

三十九歲　一九三〇　民國十九年　③五六至五七、九九至一百、一一三

於福州鼓山，隨眾在大殿行香念佛，悟入「遍虛空都是念佛的聲音」，證得念佛三昧；身心全然融於「南無阿彌陀佛」佛號聲中，整整三個月之久！

四十一歲　一九三二　民國二十一年　①一七二　②二六三至二六四

因緣際會，師成為瑞奉老法師的唯一門徒，並順利取得報名莆田縣囊山慈壽禪寺受戒的資格。

四十二歲　一九三三　民國二十二年　①一七二　②一三八

謁莆田縣囊山慈壽禪寺妙義老法師，求受具足戒。農曆四月分別圓受「沙彌戒」、「比丘戒」和「菩薩戒」等三壇大戒，成為名正言順的比丘，具備參方遊學的資格。

四十四歲　一九三五　民國二十四年　⑤二二　③二一至二二　②九、二六四

承天寺舉辦傳戒法會，弘一法師應請於戒期間講「律學要略」，師亦隨眾聽課。期間，獲弘公首肯，師得為其浣洗僧衣。

年底，師入泉州北郊清源山中潛修。入山前夕，宏仁法師將「臨濟法牒」付與師，印可其為臨濟法嗣。

四十六歲　一九三七　民國二十六年　①一七二　②二六四至二六五　③二一〇至二一二

入山之初，旋覓得一「理想關房」碧霄岩石洞。此洞原為虎穴，「懇談」後人虎相安無事！師也隨順因緣為虎兄授三皈依，第二天為此虎兄的「家人」皈依。

某日，岩洞附近上方的樵夫們意外受阻於下方的猛虎；師出面解圍，彼等得以順利下山！師也因此被稱美為「伏虎師」、「馴虎師」。

四十九歲　一九四〇　民國二十九年　①一七二　③二二二至二二三　②二六五

樵夫見師不食、不動，入定逾數月，探其鼻息竟無出入息！以為師已入化，乃急通報轉塵方丈。方丈延請弘一大師上山審視，歎曰：「如是功行，我等所不能及；我若不來，公等恐鑄成大錯！」彈指三下，助師出定。

五十歲　一九四一　民國三十年　①一七二至一七三　③一八一至一八四　②二六五

自度完成，發願下山隨機度生，返回睽違六年左右的承天寺。返寺之前，於山上收第一位在家弟子莊堵。

五十五歲　一九四六　民國三十五年　③二三至二五、五九、六一、六三、六六至六八　①一七三　②二六六

端午節後，師與來寺參訪的林覺非居士結下深厚的師徒之緣；林居士為師第二位在家弟子，當時正預備渡海來臺。師對林居士表明，有來臺弘化之心願。師並展現其神準預言能力，助林居士乘輪安抵臺灣。

五十六歲　一九四七　民國三十六年　③六、二六　②二六七

農曆六月十五日，偕同臺籍普觀法師自廈門乘英輪，翌日安抵基隆。之後輾轉掛單，再由林覺非居士接往臺北，先住士林芝山岩；隨後到萬華龍山寺，再轉往新店空軍公墓下的水濂亭，寄身於破舊日式空屋內。

可能在這一年，於臺北法華寺夜度日本鬼魂。

五十七歲　一九四八　民國三十七年　③二七

離開水濂亭，至新店碧潭上方的小獅山；在居士們協助下打一個石洞，供師安住其中。不久，師隨順因緣就石洞石壁開鑿一小寺，命名為「廣明巖」（即今廣明寺前身）。

五十八歲　一九四九　民國三十八年　①一七三

開鑿廣明巖大石壁時，有四猴相伴；師分果與猴，猴亦獻野果、植物嫩葉供師。

五十九歲　一九五〇　民國三十九年　③二七　⑥三五至三六

以出售水濂洞日式房產之款整建廣明巖。惜因護持擴建殿宇的新店仕紳神佛不分，致該寺成一佛道混雜的寺廟。

六十歲　一九五一　民國四十年　③二七至二八　⑤三四至三七　⑦二五　①一八　③六至七

將廣明巖拱手讓給在家信眾；轉於該寺北側峭壁下，另肇建「廣照寺」。同時，於廣明巖右後方上側石壁，開雕一尊阿彌陀佛大石像，開臺灣鑿石佛風氣之先。駐錫新店期間，倡導當地居民採行「戒殺普度」之供儀，發揮慈悲護生的教化影響。

農曆十一月，覓得土城、三峽交界處成福山上一天然岩洞，師以「日月洞」命名之。師等來洞不久，壁湧靈泉，遂決定安住該洞潛修。

六十一歲　一九五二　民國四十一年　③七　⑧三三

農曆五月，於日月洞前蓋木屋三間，中奉地藏菩薩聖像。復於該洞上方搭建一茅蓬，接引弟子共修，並指派傳意師為日月洞監院。

六十二歲　一九五三　民國四十二年　①一七三

於成福山頂大石前，搭一小茅蓬自住，弟子傳田隨侍。某深夜，一大蟒蛇出現茅蓬內，師為授三皈依。

六十四歲　一九五五　民國四十四年　③七　⑤三九至四〇

農曆三月，五位女眾信徒合資購地土城火山「竹仔林」，供師建寺之用，即今承天禪寺寺址。師先是就地取材，砍竹為筏，從而於筏上結跏趺坐。農曆五月，始闢地搭蓋瓦屋一間、供奉佛像，以為早晚課誦的場所。

六十五歲　一九五六　民國四十五年　③七　①一七三

回新店廣照寺，協助該寺建設。

六十六歲　一九五七　民國四十六年　①二二

慨允密乘泰斗屈映光先生（法賢上師）商借廣照寺傳法。

六十七歲

一九五八　民國四十七年　③七

年底，復返土城火山。

六十八歲

一九五九　民國四十八年　③七　⑨四一

於土城火山增添茅蓬數間。

可能在這年赴天祥，於山崖上搭草寮打坐三個月，超度高山族孤魂，中橫該段工程得以順利進行。

六十九歲

一九六〇　民國四十九年　③七　①一七四

農曆四月，土城火山興建大雄寶殿。為紀念大陸泉州祖庭及成就其苦行禪功的清源山，遂命名為「清源山承天禪寺」（原「火山」易名為「清源山」）。

七十歲

一九六一　民國五十年　⑩六八至一〇〇

農曆十月二十六日，師七秩壽誕，緇素二眾近千人冒雨上山至承天禪寺賀壽。

十二月二十二日展開為期十九天的南遊應供之旅。

七十一歲

一九六二　民國五十一年　③七

承天禪寺建三聖殿，供奉西方三聖。

七十二歲　一九六三　民國五十二年　②二七〇　③七至八

臺北圓山臨濟護國禪寺舉辦「護國千佛大戒」，出家戒期為農曆二月廿二日至三月廿四日，師於戒會擔任尊證阿闍黎。

再度前往花蓮天祥留止數月，協助建造祥德寺。繼而應居士之請，轉往臺中一帶弘法，並在臺中清水山上南寮興建廣龍寺。

七十三歲　一九六四　民國五十三年　③八　⑩六一至六二

回到承天禪寺。

農曆八月下旬，北投彌陀寺啟建「萬緣法會」，老和尚應請於法會期間駐錫彌陀寺。

七十四歲　一九六五　民國五十四年　③八　⑪二八至二九

春，方丈室由茅蓬改建為鋼筋水泥之建築。

秋九月，續與建齋堂與大寮，承天禪寺初步建設於焉完成。

退伍軍人柳子奇（傳悔法師俗名），到承天禪寺拜見師，獲師首肯可以到寺圓頂、常住。

七十六歲　一九六七　民國五十六年　⑫二一至二二　⑬三〇　⑭三〇

春，國學大師南懷瑾先生到承天禪寺與師會面交流。

七十七歲

九月十日，《中國佛教》月刊編輯明性法師拜謁，喜獲師兩次個別開示。

十月十五日，明性法師陪同越籍華僧妙華法師，前往承天禪寺參訪師。

一九六八　民國五十七　⑨四八

七十八歲

三月間，時任國防部長的蔣經國先生在林則彬居士（師在家弟子）陪同下，上山禮師並請益。

一九六九　民國五十八年　③八

於土城鄉公所右後方，建新道場廣承岩，由傳斌掌理建寺工程並出任住持。

八十歲

一九七一　民國六十年　⑮妙通寺官網

夏，臺南方姓信女，於承天禪寺禮師剃度出家，法名普嚴、法號傳聞，並隨即擔任師之侍者。

八十二歲

一九七三　民國六十二年　③一二至一三

澳籍比丘森義法師由臺灣法師陪同，拜見師並請益。

八十三歲

一九七四　民國六十三年　③一六至五〇

農曆一月十四日，自美來臺的宣化上人，帶領美籍徒眾抵承天禪寺，與師進行對談。

農曆七月，承天禪寺舉辦地藏法會期間，七月三日起至二十日止，師每晚開示一小時。

八十四歲

一九七五　民國六十四年　③七八至八六

三月九日上午，師為前來請益的章克範與丁肇強兩位居士開示了一個小時。

八十五歲

一九七六　民國六十五年　③五〇至五三　③八

一月十一日（乙卯年農曆十二月十一日），懺雲法師在承天禪寺代眾向師提問請益。

春（乙卯年底），啟動承天禪寺重建工程，改建舊女眾寮房為兩層鋼筋水泥樓房。

八十六歲

一九七七　民國六十六年　⑯三四至三六　⑪四九　③八、一〇三

三月二十六日，哲學大師方東美教授，專程到承天禪寺皈依師，喜得賜法名「傳聖」。

農曆七月前，傳悔奉師命正式接任當家。

懺雲法師於臺北蓮友念佛團領眾打佛七圓滿後，率眾七、八十人上承天禪寺拜謁師。

八十七歲

一九七八　民國六十七年　③八七至九四、一〇六至一〇八

推估在此年四月九日，藍吉富老師帶領佛光山中國佛教研究院研究部學生，到承天禪寺請師提點修行之道。

師一度示現病相，並表明有意撒手西歸。懺雲法師聞訊，率信眾禮請師住世，從而促成日後於承天禪寺打佛七之因緣。

八十八歲

一九七九　民國六十八年　③八　⑪七六　②二七三　⑰三七至四〇

建祖師堂（今廣公紀念堂）以為師安止之處，並於齋堂原址興建兩層樓的齋堂及廚房。

啟建新大殿。

農曆十月十六日、廿二日兩天上午，師應主持佛七的懺雲法師之請，於承天禪寺大殿為參加佛七大眾開示。廿三日下午，仍應懺雲法師之請，在客堂與大眾開示。

八十九歲

一九八〇　民國六十九年　⑰八四至八六　⑮妙通寺官網

農曆十一月廿一日，懺雲法師帶領緇素信眾一行十多人，於佛七圓滿後上山請師開示。

師有感於南部信眾得度因緣成熟，乃叮囑傳聞南下尋找建寺寶地。

九十歲

一九八一　民國七十年　⑰一一九至一二三　①一七四　⑮妙通寺官網

由於色身疲乏，加上聽聞樂果老和尚示寂之訊息，師再度興起往生之念。農曆一月廿一日（國曆二月廿五日），接受寺眾乞請住世、禁語調養之請；惟禁語前，對住眾開示和合共事之道。

農曆十月廿六日，師九秩華誕，曾任「修訂中華大藏經會」總編纂的蔡運辰居士以詩祝嘏。

於高雄六龜鄉寶來村興建妙通寺。

九十一歲

一九八二　民國七十一年　⑰一三九至一四四　⑩一三五

農曆十月廿六日，師於承天禪寺大殿為參加佛七大眾開示（懺雲法師主七）。

十一月二十三日，曉雲法師率領蓮華學佛園師生參禮師，並恭請開示。

九十二歲

一九八三　民國七十二年　⑱三〇一　⑪七六　⑮妙通寺官網

八月十四日，《弘一大師傳》作者陳慧劍居士與〈廣欽老和尚雲水記〉作者顏宗養居士（筆名宗昂），結伴上承天禪寺拜見師。

冬，透過懺雲法師在寺裡領眾打佛七之因緣，得名雕塑家陳一帆居士為新大殿雕塑佛像；師每於陳居士創作之際從旁指導。

承天禪寺大雄寶殿落成；秋新建大悲樓。
冬，命傳聞帶領傳敦等十餘名女眾，參與妙通寺建寺工程。

九十三歲

一九八四　民國七十三年　⑲三七至三八　③一三五至一三八　⑮妙通寺官網　②二七五

二月九日，師於承天禪寺地藏殿接見蓮華學佛園師生，並為彼等開示。
四月一日，《十方》月刊同仁冒雨上承天禪寺拜謁師，請教有關創建禪修道場的意見。
師口諭：「傳聞師為妙通寺當家，傳敦師為副當家。」
農曆六月十六日，親臨妙通寺主持大雄寶殿開光安座大典；七月下旬，正式移錫妙通寺。
農曆十月廿六日，為師九十晉三華誕。在承天禪寺祝壽佛七中，師宣布翌年傳戒地點改在妙通寺。

九十四歲

一九八五　民國七十四年　⑮妙通寺官網

農曆十月，於妙通寺傳授「護國千佛三壇大戒」，師任得戒和尚，二千多位四眾弟子報名參加（約五百位出家眾）。

九十五歲

一九八六　民國七十五年　③九　⑪八〇至八二　⑮妙通寺官網　⑳三四

農曆乙丑年歲末，師以看承天禪寺大悲樓建築為由，急欲返北。二月三日（農曆十二月廿五日）傳悔師專程南下，次日迎師回承天禪寺。

農曆丙寅年正月初一（國曆二月九日）清晨，召集任重要職事之弟子。囑咐圓寂後，其靈骨安奉事宜；並分別任命承天禪寺、妙通寺與廣承岩之住持與監院人選。

正月初一早齋後，師即示意欲回妙通寺；承天寺眾挽留未果，只能順承師意，恭送師南下。

初三（國曆二月十一日）午後，親自打小木魚與弟子們一起念佛。

初四（國曆二月十二日）早晨，師突喚傳聞尼師與大眾佇立於大殿外晒太陽，激勵彼今後當以如太陽般的光明正大作風，領眾弘法。

初五（國曆二月十三日），下午二時三十分，師於大眾念佛聲中，以偈示眾曰：「無來也無去，來去無代誌。」（閩南語）少頃，向徒眾頷首莞爾，瀟灑坐化示寂。

正月二十六日（國曆三月六日），上午於妙通寺舉行荼毗大典；下午於鄰近荼毗場火化，得舍利子無數。後續，依師遺言分成三份，分別供奉於承天禪寺、妙通寺及廣承岩。

參考資料

一、廣欽老和尚開示錄（依書名筆畫排序。末尾有阿拉伯數字註記者，為年譜引用之資料）

釋廣欽（口述）等，《廣公上人事蹟初編》二〇一九增訂本，新北市：承天禪寺。③

釋廣欽（口述）等，《廣公上人事蹟續編校訂本》，新北市：承天禪寺。⑰

釋廣欽口述，《廣欽老和尚方便開示錄》，臺北：廣欽文教基金會。⑦

釋廣欽（口述）等，《廣欽老和尚開示法語錄》，臺北：圓明出版社。

釋廣欽口述，張淑雅英譯、簡媜中文主編，《廣欽老和尚開示法語錄》（中英對照），臺北：佛陀教育基金會。

二、專書（依作者姓氏筆畫排序）

于凌波，《中國近代佛門人物誌》（第三集），臺北：慧炬出版社。

大衛．霍金斯著、蔡孟璇譯，《心靈能量》，臺北：方智出版社。

方東美，《方東美全集．堅白精舍詩集》，臺北：黎明文化。

林子青，《弘一大師年譜》，臺北：天華出版公司。

泉州市地方志編纂委員會編，《泉州市志》，北京：中國社會科學出版社。
郭惠珍講，《傾聽恆河的歌唱》，臺北：佛陀教育基金會。
陳秀慧，《曉雲法師教育情懷與志業》修訂版，臺北：萬卷樓圖書公司。
陳慧劍編著，《當代佛門人物》，臺北：東大圖書公司。⑱
黃任、郭賡武纂修，《泉州府志‧壇廟寺觀》，泉州市：泉州志編纂委員會。
褚柏思，《佛門人物志》，臺北：傳記文學出版社。
雷家驥總纂修，《嘉義縣志》，嘉義縣：嘉義縣政府。
劉雨虹，《禪門內外——南懷瑾先生側記》，臺北：老古文化事業公司。⑫
廣欽老和尚百歲誕辰紀念會編集，《先師廣欽老和尚百歲誕辰紀念集》，臺北：慕欽講堂。⑳
蕭世瓊、馬魁瑞編著，《覽碑懷古——東西橫貫公路另頁史實》，花蓮縣：太魯閣國家公園管理處。
釋心見，《廣公紀念堂巡禮》，新北市：釋心見。②
釋印順，《學佛三要》，新竹縣：正聞出版社。
釋弘一，《弘一大師演講全集》，臺北：天華出版社。

釋倓虛述、釋大光記，《影塵回憶錄》（二〇〇八年九月修訂版），臺北：佛陀教育基金會。
釋蓮舟等，《廣欽老和尚紀念集》，臺北：大乘精舍印經會。⑩
釋傳悔口述、釋道邊記錄整理，《覓菩提》，新北市：承天禪寺。⑪
釋道證講述，仰蓮居士等敬記，《毛毛蟲變蝴蝶之二～三》，臺南市：和裕出版社。
釋廣定編輯，《印光大師全集》第一冊，臺北：佛教出版社。
釋曉雲，《佛學獻詞》，新北市（臺北縣）：原泉出版社。
釋曉雲等，《蓮華園記第五輯》，新北市（臺北縣）：原泉出版社。⑲
闞正宗，《臺灣高僧》系列之一，臺北：菩提長青出版社。⑧
闞正宗、卓遵宏、侯坤宏（訪問），《人間佛教的理論與實踐——傳道法師訪談錄》，新北市（臺北縣）：國史館。

三、論文

（一）碩士論文

邱玉瑞，《廣欽老和尚與其法脈傳承寺廟之研究》，華梵大學東方人文思想研究所碩士論文，二〇一四。⑤

陳玉真，《廣欽老和尚與佛教》，國立臺南大學國語文學系國語文教學碩士班碩士論文，二〇一二。

蘇美鶴，《廣欽和尚研究》，國立中山大學中國文學系碩士在職專班碩士論文，二〇〇三。①

釋明靄，《廣欽老和尚的事蹟及其修行方法之研究》，圓光佛學研究所畢業論文，二〇〇四。④

釋修善，《當代台灣淨土教法的發展》，玄奘人文社會學院研究所碩士論文，二〇〇二。

（二）研討會論文

陳士濱，《德霖通識教育暨跨領域學術研討會論文集·從廣欽老和尚的開示錄中談念佛解脫之道》，臺中市：華格納出版公司，二〇一五。

黃慧茹，《中國佛教會遷臺六十週年：民國高僧學術研討會論文集·廣欽法師的生平、行持、理念及其延續》，臺北：中國佛教會，二〇一〇。

四、期刊

王見川撰，《圓光新誌·關於廣欽老和尚的二三事》第四十九期，二〇〇〇年一月。⑥

林則彬口述、陳綺玲記錄，《慧炬．神遊故國歷八千里路山河——聽林則彬老居士談往》第三二六、三二七期合刊，臺北：慧炬雜誌社，一九九一年八月。⑨

周宣德撰，《慧炬．方東美教授與佛學的因緣》第一五九、一六〇期合刊，臺北：慧炬雜誌社，一九七七年十月。⑯

釋明性撰，《中國佛教．廣欽老和尚訪問記》第十二卷．第二期，一九六七年十月。⑬

釋明性主編，《中國佛教．妙華法師參訪廣欽老和尚》第十二卷．第三期，一九六七年十一月。⑭

闞正宗，《人間佛教學報．〈台灣佛教新史〉之十二——日本佛教各宗派在台布教發展（二）》第三十期，二〇二〇年十一月。〔係撰寫台北法華寺的重要參考資料〕

五、佛教經論（依譯者年代排序）

依據版本：《大正新脩大藏經》，一九八三年，臺北：新文豐出版公司。

後漢．迦葉摩騰、竺法蘭共譯，《四十二章經》一卷，冊一七。

印．龍樹菩薩造，姚秦．鳩摩羅什譯，《大智度論》百卷，冊二五。

姚秦．鳩摩羅什，《佛垂般涅槃略說教誡經》一卷，冊一二。

姚秦．鳩摩羅什，《佛說阿彌陀經》一卷，冊一二。

姚秦．鳩摩羅什，《妙法蓮華經》七卷，冊九。

姚秦．鳩摩羅什，《金剛般若波羅蜜經經》一卷，冊八。

姚秦．鳩摩羅什，《維摩詰所說經》三卷，冊一四。

劉宋．求那跋陀羅，《雜阿含經》五十卷，冊二。

唐末五代．永明延壽，《萬善同歸集》三卷，冊四八。

唐．般若，《大方廣佛華嚴經入不思議解脫境界普賢行願品》四十卷，冊一〇。

唐．般剌蜜帝，《大佛頂首楞嚴經》十卷，冊一九。

唐．慧日，《略諸經論念佛法門往生淨土集卷上》一卷，冊八五。

唐．慧立撰、彥悰箋，《大唐大慈恩寺三藏法師傳》十卷，冊五〇。

六、網路資料（主要參考網站）

土城承天禪寺　中文百科　六龜妙通寺⑮

佛光大辭典　佛學大辭典　維基百科　隨文附註詞條之相關網頁

國家圖書館出版品預行編目（CIP）資料

廣欽老和尚：傳燈臺灣／陳秀慧編撰
臺北市：經典雜誌，慈濟傳播人文志業基金會，2025.01
400 面；15×21 公分—（高僧傳）
ISBN 978-626-7587-17-1（精裝）
1.CST: 釋廣欽　2.CST: 佛教傳記
229.63　113020586

廣欽老和尚——傳燈臺灣

創 辦 人／釋證嚴

編 撰 者／陳秀慧
主編暨責任編輯／賴志銘
行政編輯／涂慶鐘
美術指導／邱宇陞
插圖繪者／徐淑貞
美術編輯／蔡雅君
校對志工／林旭初

發行人．慈濟人文志業執行長／王端正
合心精進長／姚仁祿
主 責 長／王志宏

出 版 者／經典雜誌
慈濟傳播人文志業基金會
112019臺北市北投區立德路2號
客服專線／（02）28989000 分機1165、2145
傳真專線／（02）28989993
劃撥帳號／19924552　戶名／經典雜誌
印　　製／新豪華製版印刷股份有限公司
經 銷 商／聯合發行股份有限公司
231028新北市新店區寶橋路235巷6弄6號2樓
（02）29178022
出版日期／2025年1月初版一刷
2025年6月初版二刷
定　　價／新臺幣380元